JN105416

増補版

入門・やさしい日本語

外国人と日本語で話そう

吉開 章

ask

目次

はじめに

本書は、日本語を母語としない外国人など、日本語の理解やコミュニケーションに関して何らかの困難を抱えている人のために配慮した日本語、いわゆるやさしい日本語が使えるようになるための本です。

やさしい日本語は、社会言語学や日本語教育学関係者らの優れた研究論文や書籍があり、自治体によるやさしい日本語での情報発信事例も多数見ることができます。また2020年には、出入国在留管理庁（入管庁）と文化庁が「在留支援のためのやさしい日本語ガイドライン」を公開しています。

本書は専門的なこと、特に日本語教育の詳細な知識が前提となる部分をできるだけ省きます。また文章の書き換えより、相手に直接話す場面で役立つ表現方法を中心に解説します。さらにAI翻訳ツールを活用するときに使える話し方のコツも紹介します。これにより、日本語がわかる・わからないにかかわらず、相手に応じたわかりやすい日本語のコミュニケーションができるようになることを目指します。

本書で学ぶのにぴったりなのは、以下のような方々でしょう。

- 近所の外国人住民と、日本語で仲良くなろうと思っている人
- インバウンド客をおもてなししたいと思っている人
- 窓口業務で、直接外国人と接する機会が多い人
- 部下や同僚となった外国人と、よりよいコミュニケーションを取りたいと思っている人

また本書の後半で、やさしい日本語の考え方はみなさんの外国語学習にも役に立ち、さらに外国人だけでなく日本人にもやさしい日本語を必要としている人たちがいるということを、具体的な例を挙げて説明していきます。

なお本書では、日本語が母語かどうかを基準に、日本語を母語としない人を「外国人」、日本語を母語とする人を「日本人」と書いています。一般的には、「外国人」は海外にルーツのある人全般のことをいいますが、日本国籍の人も含みます。「日本人」のほとんどは日本国籍を持つ人ですが、本書では

外国籍の人を排除しません。また「私たち」と書いているときは、「日本国籍を持ち、母語としての日本語で不自由なくコミュニケーションできる、多数派としての日本人」の視点に立ちます。

ここまで読んで気がついた方もいらっしゃると思いますが、本書の本文はすべてふりがな付き、いわゆる「総ルビ」で書いています。ふりがなは外国人だけでなく知的障害者などにも必要としている人がおり、やさしい日本語のポイントのひとつとなっています。

あえて「総ルビ」にしたのは、読者のみなさんにこのような人たちに対して想いを馳せてもらいたいと思ったからです。出版元であるアスクには大変なご苦労をかけましたが、おそらく近年で初めての「総ルビ」一般書として、次世代の表現サンプルになってほしいと思います（なおやさしい日本語の形式面では「分かち書き」も推奨されていますが、ページ数の関係で残念ながら今回は見送りました）。

各章の終わりには、やさしい日本語の普及に努める方々や事例をコラム形式で紹介します。

巻末では、読者を対象とした「『入門・やさしい日本語』読者クラブ」や、共にやさしい日本語の社会啓発に取り組む仲間が集まる「『入門・やさしい日本語』認定講師養成講座」のご案内をしています。本書をきっかけとして、志を同じくする方々とともに、やさしい日本語の普及活動ができればと願っています。

第1章

やさしい日本語とは

「外国人は英語を話す」と思っている人も多いかもしれません。しかし、日本に住む外国人で日本語を話せる人は、英語を話せる人より多いという調査結果があります。また、台湾や韓国から来日する旅行者には、日本語を話せる人も多くいます。この章では、データを見ながら、やさしい日本語が生まれた経緯を紹介していきます。

「外国人=英語」の思い込み

多くの日本人が「外国人＝英語」という固定観念をもっているようです。

確かに日本人が外国で活躍したいと思う場合、英語を習得することは極めて重要です。もちろんその国で広く話されているのはそこの公用語ですが、外国人が多い組織であれば、英語が共通言語になることが多いでしょう。世界中で学ばれ、各種資料・データが豊富なのも、やはり英語です。

しかし、日本国内においてはどうでしょうか。

まず日本に住む外国人について見てみます。特別永住者に加え、90日を超えて滞在している外国籍の人（中長期在留者）を「在留外国人」といいます。観光などで日本に来る外国人には90日までの短期滞在査証（ビザ）が発行されますが、それ以上の滞在の場合は在留の目的に合ったビザが必要です。

出入国在留管理庁（入管庁）が発表した2022（令和４）年12月末現在の在留外国人数は初めて300万人を超える3,075,213人で、2020年からのコロナ禍を経て過去最高となりました。国・地域別で見ると、長らく１位である中国に続き、2020（令和２）年末からは韓国に替わりベトナムが２位となっています。以下、韓国・フィリピン・ブラジル・ネパール・インドネシアの順となっていますが、これらの人たちの中でも英語を流暢に話す人は少数派です。英語を母語とする人が多い国の最初は８位のアメリカで60,804人、全体の2.0%にとどまっています。

2022年12月末の在留外国人数

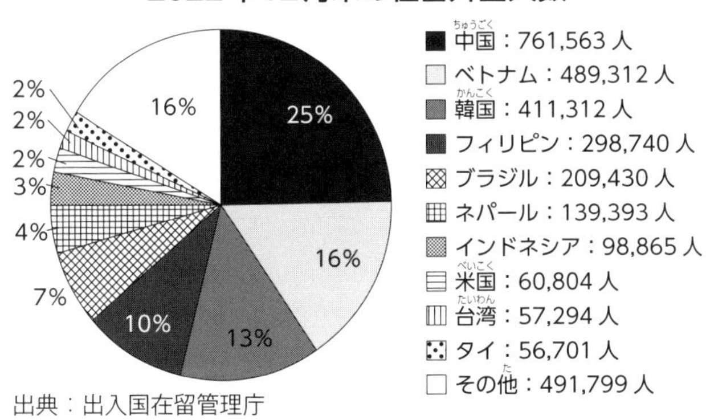

出典：出入国在留管理庁

合計：2,075,213人　前年末比：＋11.4%
在留外国人数は全人口の約2.4%

さらに入管庁が2022（令和4）年8月に公開した「在留外国人に対する基礎調査報告書」によると、日本に１年以上住んでいる外国人に日本語能力（話す・聞く）を聞いたところ、「日本語での会話はほとんどできない」と答えた外国人はわずか3.4%でした。これは**約97%の外国人がかんたんな日本語でなら会話できる**ということになります。国地域別に見ても、ベトナム人で「日本語の会話はほとんどできない」と答えた人は全体平均を下回る1.8%でした。

観光客と違い１年以上日本に滞在する外国人の多くは、日本で仕事をしたり留学したりしています。また日本人の配偶者や日本で育った海外ルーツの子供など日本に永住している人たちも、家庭や学校で日本語に日常的に触れます。**日本に「住んでいる」外国人の日本語能力がゼロということはとても少ないと言える**でしょう。

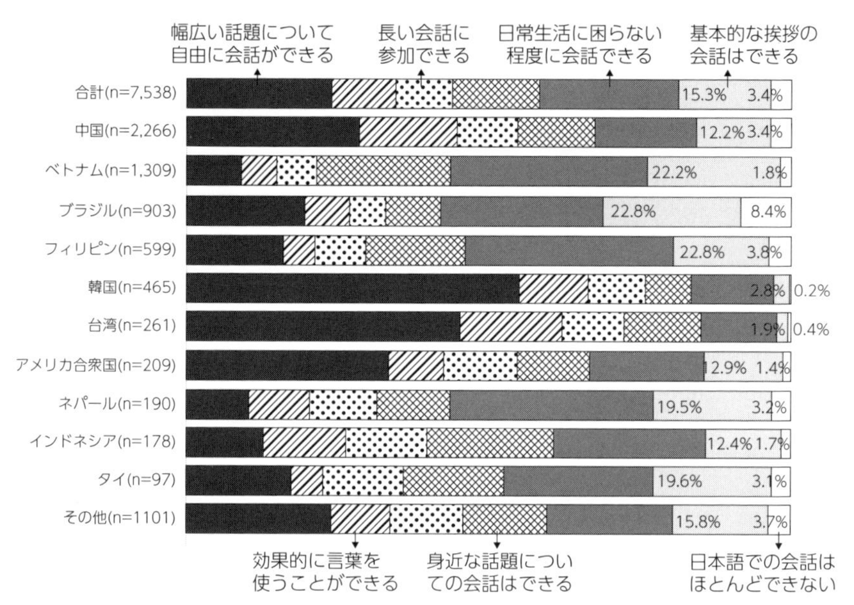

出典：令和３年度在留外国人に対する基礎調査（出入国在留管理庁）

次に、日本に来る外国人はどうでしょうか。電通が2016年に台湾の人に対して調査をおこなったところ、**「今日本語を勉強している」と答えた人は12.8%にも上り**、人数で推定すると170万人〜240万人となりました。この数字は、学校で学んでいる人だけでなく、独学者も含みます。

この結果は、国際交流基金(JF)の「海外日本語教育機関調査」における、学校で学んでいる当時の日本語学習者数の約10倍にあたります。**極めて多くの人たちが、独学で日本語を学んでいる**ということです。その後韓国と香港に関しても電通とJFが共同で調査したところ、台湾と同様に、日本語学習者数は学校で日本語を学ぶ人数の10倍以上いるだろうという結果となりました。

台湾や韓国の人では「少しは日本語を話せる」という割合が40%を超えています。これらの人たちが3人で旅行すれば、グループ内に誰か少し日本語が話せる人がいる場合は80%を超えるという計算になります。香港を含めこの3つの国と地域は、実質的に日本の地方観光を支えるリピーターです。これらの人たちを日本語でおもてなししたり、日本語で会話を楽しんでもらったりすることは十分成立するでしょう。

日本語学習に関する調査(18〜64歳の男女)

	台湾	香港 (広東語話者のみ)	韓国
今、日本語を勉強している人	12.8% 推計170〜240万人	9.7% 推計35〜52万人	16.3% 推計493〜654万人
少しは日本語で話せる人	41.5%	31.3%	40.7%
(日本語を勉強している・勉強したことがある人のうち) 日本旅行では日本人と日本語で話したい人	66.1%	65.8%	62.2%

出典：国際交流基金・電通共同日本語学習者調査(2016年)

　このように、**日本国内で外国人と接するとき、「日本語」で話すということは立派な選択肢の一つ**なのです。しかし日本語の初心者が私たちの普段の会話についていくのは難しく、また役所の文書や学校のお便りなどを読むのにも大変な苦労があります。であれば**私たちのほうが日本語をやさしくすればいいじゃないか**、そんなシンプルなアイデアがやさしい日本語につながっています。

台湾や韓国からの3人組旅行客で、少なくとも1人は日本語が話せる割合は80％以上

阪神淡路大震災の反省から始まった、やさしい日本語

外国人にメッセージを伝えるもっとも大事な場面は、**命にかかわる災害情報を伝えるとき**でしょう。1995年、国際防災の10年国民会議事務局の調査によると、同年に発生した阪神淡路大震災では、日本人住民に比べ外国人住民の死亡率は約2倍、負傷率は約2.4倍でした。

この反省から、発災後外部からの救援が到着するまでの72時間を外国人が生き延びるために、どのような言語で情報提供すればいいのかという課題が浮上しました。これに対し、社会言語学を専門とする弘前大学佐藤和之研究室が調査したところ、英語でも中国語でもなく、かんたんな日本語が一番通じたということがわかりました。その後、佐藤教授らが研究を進め、「やさしい日本語」と命名して提唱したのが、やさしい日本語の始まりです。

現在はSNSが災害時の情報発信に活用され、多言語化も進んできています。しかし多言語対応にも限りがあります。命にかかわる情報は少しでも多くの人に伝える必要があります。昨今では通常の日本語以外に、ふりがなつきの漢字や、すべてひらがな書きの情報も発信されるようになりました。2019年10月の台風19号が関東地方に接近した際に、NHKがひらがなだけで情報を投稿したところ、「バカにしているのか」という反応が寄せられたのに対し、NHKを擁護する投稿も相次ぎました。

平時のときでも、やさしい日本語

阪神淡路大震災以降も日系ブラジル・ペルー人を中心に外国人住民が増加し、**生活者としての外国人との多文化共生が社会課題**となりました。これを受けて浜松市など外国人が集住する自治体による「外国人集住都市会議」が2001年に発足しました。この課題解決には外国人に対する日本語教育が不可欠であり、行政が日本語教育関係者や地域ボランティアと連携して取り組んできました。その中で、日本語・日本語教育学を専門とする一橋大学 庵功雄教授の研究グループが、①補償教育の対象、②地域社会における共通言語、③地域型初級の対象としての〈やさしい日本語〉を提唱しました。同グループは横浜市など多数の自治体と連携して、地域日本語教育支援に加え、行政や公共施設におけるやさしい日本語での情報発信に貢献してきました。

このように、やさしい日本語は大きく2つの研究領域で発展してきました。このため研究者間では、やさしい日本語の表記をそれぞれ「やさしい日本語」、〈やさしい日本語〉と区別することが一般的でした。

カッコつけずに、やさしい日本語で話そう

これからの日本には、日本語を母語としない人たちが増えてきます。**必要とする人、望む人がいれば、カッコつけずにやさしい日本語で話すようにしましょう**。ついでに本書でもやさしい日本語の表記にはカッコをつけないことにします。

「やさしい日本語」有志の会

「やさしい日本語」有志の会は、「やさしい日本語」の普及のためのワークショップ、災害弱者となりやすい外国人のための防災教育、「やさしい日本語」の勉強会などをおこなっている団体です。

主要メンバーの花岡正義さんと杉本篤子さんが京都を拠点として2008年から取り組みを開始しました。減災のための「やさしい日本語」の普及においてもっとも歴史と実績のある団体のひとつであり、日本各地で講演に招かれています。

「やさしい日本語」有志の会
http://nihon5bousai.web.fc2.com/

防災講座で外国籍住民へ防災グッズについて説明

第2章

外国語としての日本語

日本語が母語でない人にとって、日本語は「第二言語（外国語）」です。やさしい日本語を学ぶ上で、外国語としての日本語という視点を獲得することは何より大事です。そしてその視点が相手に対するやさしさの源泉になります。この章では母語・第二言語、そして「外国語としての日本語」について注目します。

母語と母国語

そもそも「母語」とは何でしょう。「母国語」とどう違うのでしょうか。

母語は文字通り「母の言葉」、すなわち生まれたばかりの子供が、家族や地域などで話していることを聞きながら、自然に話せるようになる言語のことです。英語でも mother tongue/mother language（直訳で「母の舌・母の言語」）といいます。成育の過程で最初に話せるようになる言葉なので、基本的には１つしかありません。日本のほとんどの子供は、小学校に入学する６歳までに日本語を母語とし、基本語彙や文法を体系的に教えられることなく習得します。「第一言語」という表現にも近く、母語と第一言語が同じ言葉だという人が大多数ですが、「第一言語」はある程度の年齢に達してからの環境変化や努力を経て、もっとも自然に使えるようになった言語を指す場合もあります。第一言語が２つ以上あるという人もいます。

一方、母国語とは何か。ある人が自分の「母国」と考えている国で使われている言葉のことです。もっと客観的な言い方をすれば、その国の「国語」や「公用語」として公式の場で使われている言葉のことです。複数の公用語を定めている国も少なくありません。英語ではnational languageといいます。

日本では国語・公用語の法律上の明確な定めはありませんが、事実上日本語だけがそれにあたります。このため母語が(母)国語だという人が大多数です。

そもそも母国とは何か。これは国籍などの制度とは別の、極めて主観的な考え方です。小さい頃親の転勤で転校を繰り返した人は、「故郷はどこか」と聞かれると困ります。同じように、生まれた国と育った国が違えば、「母国はどこか」という質問に答えられない人もいます。

国語・公用語は、国の制度と密接にかかわっています。「母国」＋「国語」＝「母国語」という言い方は、主観と客観の混じった極めて中途半端な意味となります。みなさんが外国語について話題にするときには**母国語という言い方は避け、母語と国語・公用語を使い分ける**ようにしてください。

母語と第二言語

日本人にとって「英語」はどのような存在でしょう。多くの日本人にとって英語は、母語である日本語を話せるようになったあとに学ぶものです。このような言語を「**第二言語**」といい、第二言語を身につけることを「**第二言語習得**」といいます。

日本人が英語を学ぶとき、日本語を使って英単語の意味を覚え、日本語を使って英文法を学びます。もっと一般化すれば、人が第二言語を学ぶとき、まず各自の母語と対照する形で語彙を覚え、母語を使ってその言語の文法を学びます。

多くの日本人にとって英語の文法を使いこなすのは難しいものです。定冠詞theをつけるかつけないか、単数形か複数形かなど……。でもこんなことは英語を話す親のもとに生まれた子供なら誰でもできます。**第二言語習得には意識的な努力が必要ですが、母語だけは自然に身につくという例外的な習得の仕方をする**のです。

日本に住んでいる、日本語が母語でない少数派（マイノリティ）の人たちはどうでしょう。彼らは自分の母語、例えば中国語やベトナム語なら何でも表現できます。文法を間違えることはありません。抽象的な表現も自由にできるでしょう。

しかし、**彼らにとって日本語は第二言語**です。私たちがまず間違わない「て・に・を・は」などの文法を、外国人が自由に使いこななすのはとても難しいことです。まして微妙なニュアンスが表現できないのは当然です。そして、それは私たちが英語をなかなか使いこなせないことと同じことです。

いくらでも話せる母語、疲れてしまう第二言語

他にも母語の特徴があります。**母語は意識しなくても話せる、長時間話しても疲れない**、ということです。

人間は意識せずに歩くことができ、そのときの速度もだいたい決まっています。人間の歩き方は指紋同様人ごとに違い、防犯カメラでの人物特定などに使われることもあるそうです。このため、「もう少し膝を高くあげて」とか、「もう少しゆっくり」などと言われると、歩みはガタガタになり疲れてしまうはずです。歩くという動作は、頭でなく体に染み込んでいるものであり、**違うパターンに変えるには頭で意識し新たなエネルギーを使う**ことになります。

同じように、**第二言語は、母語とは違う頭のエネルギーを使います**。英会話ができるようになったという人も、1時間英語で会話したらぐったりとなるのではないでしょうか。時間をかければ英語がわかるということと自在に英語を操ることはまったく違います。

母語で話すことは、歩行や呼吸のように、意識しなくても操れる非常に効率のいい能力です。日本語母語話者の私たちは、第二言語で日本語を話す人が「疲れる」ということに対して、時に配慮をする必要もあるでしょう。

日本・日本人・日本語に向き合う言語的少数派

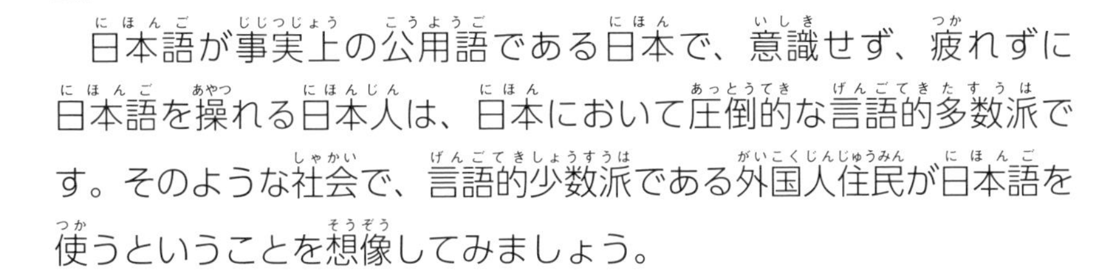

日本語が事実上の公用語である日本で、意識せず、疲れずに日本語を操れる日本人は、日本において圧倒的な言語的多数派です。そのような社会で、言語的少数派である外国人住民が日本語を使うということを想像してみましょう。

日本語は

- 文字種の多さ(ひらがな・カタカナ・漢字・アルファベット)
- 漢字の読み方の種類(音読み・訓読み・特殊な読み・固有名詞)
- 漢字のルビ振りが少ない
- 複雑な敬語体系(尊敬語・謙譲語・丁寧語)
- 使用語彙（一般的な文章を読むのに必要な語彙）の多さ
- カタカナ英語(日本語独特の意味のものなど)
- 書かれていない情報を推測(主語の欠落・文化的背景など)

のように、他の言語と比べても極めて複雑で、日本社会で使いこなし十分な情報を得ることができるようになるまでには、大変な努力と時間がかかります。日本語が母語であれば6歳からの義務教育の積み重ねで一定の日本語の運用能力がつきますが、**大人になってから日本に来た外国人が、日本人と同等の日本語能力を身につけるためには、大変な努力が必要**です。

日本人が日本語を母語としない少数派の人たちと向き合うとき、彼らの**間違った日本語や失礼な日本語を聞くと、知性がない、能力**

がない、失礼な人物と判断しがちです。しかし言語を「母語」と「第二言語」という比較から見てみると、そのような評価は極めて不当だということがわかると思います。

漢字のルビは、階段の手すりと同じ

社会には様々なカテゴリーの少数派が存在します。例えば身体障害者もそのひとつです。視覚障害者のための点字ブロックや、車イス利用者のためのスロープなど、このような障害のある人々のための配慮としてのインフラは整備が進んできています。そのような整備に異論を唱える健常者は、現代では極めて少ないでしょう。

一方、言語的少数派の人々はどうでしょう。彼らは事実上日本語だけの社会の中で一方的な適応を強いられています。少しの情報を得るにも大変な労力を必要とし、それでも到達できない大事な情報もたくさんあります。**外国人に情報アクセスを保障しない社会は、障害者に移動の自由を保障しない社会と同じ**です。

外国人との共生社会でもっとも大事なことのひとつは**多言語対応の保障**であり、命や人権に関わるような情報は専門通訳・翻訳者による個別言語の対応が必要です。一方で、社会のあらゆる場面ですべての言語を保障するのには限界があります。このような限界を認めるなら、代わりに**外国人に日本語教育の機会を保障しなければいけません**。2019年に成立した日本語教育推進法により外国人住民への日本語教育が国の責務となり、共生社会に向けて大きな一歩を踏み出しました。

しかし言語の習得には時間がかかります。外国人住民との共生社会づくりは日本の喫緊の課題であり、受け入れる側である日本社会・日本人側も、情報の発信やコミュニケーションのあり方・配慮を見直す必要があります。その結果、やさしい日本語が注目されるようになりました。

この配慮の考え方を例えるなら、「**階段に手すりをつけることと同じ**」と言えるでしょう。階段の手すりは、足腰が悪い人への大事な配慮です。そして足腰の丈夫な人がそれを「目障りだ。税金の無駄遣いだ」ということはないでしょう。しかし、日本人が読む文をやさしい表現に書き換えたり、漢字にすべてルビを振ったりすると「バカにしているのか」という人は大勢います。**将来足腰が悪くなった自分の姿は想像できても、日本語が突然理解できなくなった自分を想像できる人はまずいません。**ましてや第二言語として日本語を使う人々のことを想像するのはさらに難しいことです。

いわゆる外国人については、外交・宗教・民族などさらに複雑な問題が絡みます。加えて、日本人が自分の母語の日本語を客観的に見る必要があるなど、配慮を進める上でいろいろな困難があります。

やさしい日本語は、こうした問題を解決するひとつの有効な手法なのです。

西日本新聞「やさしい西日本新聞」

12月5日のニュース

アフガニスタンの 人たちを 助けた 中村哲さん

アフガニスタンの人と話す中村哲さん（左、2014年）

医者の 中村哲さんは、福岡市で 生まれました。30年以上 前から、
パキスタンや アフガニスタンでたくさんの 人たちを 助けました。
病院を つくりました。農業のための 井戸も たくさん つくりました。
水が なくて 使うことが できなかった 広い土地で、
農業が できるようになりました。
中村さんは、まだ たくさん アフガニスタンのために 働くつもりでした。
しかし、12月4日、アフガニスタンで、誰かが 中村さんを
銃で うちました。中村さんは、車に 乗って 仕事に 行く 途中でした。
中村さんは、亡くなってしまいました。73歳でした。
日本や アフガニスタンで、たくさんの 人が 悲しんでいます。

memo

西日本新聞は、日本語が苦手な人にも伝わりやすい「やさしい日本語」でニュースを伝えています。AIを使ったり、日本語教師や外国人のために活動をする人たちに協力してもらったりして、新聞に載った記事を「やさしい日本語」に書き換えています。また、西日本新聞のHPにある「新 移民時代」コーナーに載せている記事を、誰でも"翻訳"して投稿することができます。

「新移民時代」の最新ニュース一覧

九州・福岡を地元とする西日本新聞は、地元経済を支えている存在になっている留学生に注目した「新移民時代」という取材企画を2016年に始め、翌年第17回石橋湛山記念早稲田ジャーナリズム大賞の「草の根民主主義部門」で大賞を受賞しました。明石書店から同名の書籍も出版されています。

同企画のリーダーである坂本信博氏は、住民としての外国人にも新聞メディアが役に立つことはあるはずと、外国人にも伝えたい記事を記者自らがやさしい日本語に翻訳してウェブで公開する「やさしい西日本新聞」を福間慎一デスク/記者と立ち上げました。

この取り組みは朝日新聞withnewsや高知新聞、河北新報などにも広がっています。また一般社団法人日本新聞協会が発行する「新聞協会報」の2020年新年号ではやさしい日本語を特集しています。今後多文化共生社会におけるメディアの発信のあり方について議論が進んでいくことになるでしょう。

やさしい西日本新聞

https://www.nishinippon.co.jp/theme/easy_japanese/

第3章

柳川やさしい日本語ツーリズムの誕生

やさしい日本語はツーリズムの現場でも使われるようになりました。この章では、筆者がやさしい日本語の社会啓発を仕事とするきっかけとなった、故郷福岡県柳川市での「やさしい日本語ツーリズム」について紹介します。学識者でもない一広告マンがなぜこのような取り組みを始め、どのような方々の助けでここまで来たか、知っていただければうれしいです。

広告マン、日本語教育と出会う

著者の私は、広告会社である株式会社電通で長くデジタルマーケティングに携わり、海外支社のデジタル戦略立案も担当しました。

人生も40歳台に入り、キャリアでいろいろ悩むようになった2009年頃、もともと語学好きだった私は、大学時代に好きだったフランス語をもう一回学び直せるのではないかと、フランス語の独学の方法を調べてみました。すると、お互いがお互いの言語を教える「言語交換」という仕組みがあることを知り、それをネット上でマッチングするLivemocha（ライブモカ）というサービスを見つけました。

そのサービスでフランス語の作文を送信すればフランス人がチェックしてくれると思っていましたが、実際に添削してくれたのはモロッコやチュニジアなど、北アフリカの人たちでした。そのとき初めて北アフリカに「フランコフォン（フランス語圏）」があることを知りました。彼らはアラビア語とフランス語を駆使し、さらに多くの人が英語も話します。

なにより驚いたのは、私に日本語を教えてくれという人の多さでした。私のフランス語学習熱はまもなく冷めましたが、逆に日本語を教えることに熱中するようになりました。2010年の初頭にLivemochaからプロ講師のオファーがあったのをきっかけに、国内の日本語学校で教えるときの採用基準のひとつである

「日本語教育能力検定試験」の受験を決意し、2010年に無事合格しました。

2011年に活動の拠点をFacebookに移し、2014年に日本語教師有資格者が世界中の日本語学習者をサポートする「The 日本語 Learning Community（日本語コミュニティ）」をスタートしました。2020年現在、5万人以上のメンバーと100人以上の日本語教師の方々が日々熱心に活動しています。

Facebook「日本語コミュニティ」

これら現在の私の日本語教育活動は趣味・ボランティアとしてやっていることですが、2009年以来飽きたことは一度もありません。しかしいくらやりがいがあっても、会社を辞めて日本語学校で教えるという選択はできませんでした。その頃から、日本語教育の素晴らしさを世に伝え、日本語教師という職業の地位を向上させることが、電通という会社に勤めている私の使命だと思うようになりました。

日本語がつないだ、母とインドネシア人の絆

私がLivemochaに熱中している頃、故郷である福岡県柳川市に住んでいる私の母が、「柳川駅で外国の人ば見るばってん、英語ができんけん、なんもしてやれんとよ」と言っていました。母は、地元で教員・民生委員・仏教婦人会などで、ありとあらゆる人のお世話をしてきましたが、最後の壁が「外国人」でした。

母と筆者

私が母に「柳川に来る外国人といっても、青い目のアメリカ人とかあんまりおらんやろうもん」と聞くと、母は「うん、台湾とか韓国の人が多かろう」と言いました。当時私のコミュニティでもっとも多かったのが台湾からの学習者であったため、「台湾やったら旅行グループに誰か一人ぐらい日本語を話す人がいるかもしれんよ。日本語で話してみんね」と言うと、母は、「日本語でよかなら、私が外人さんの世話ばするたい」と答えました。

ちょうどその頃、私がLivemochaで日本語を教えていたインドネシア人のヌル（Nur Asiah Aprianti）さんが、九州大学の博士課程に３年間留学することになりました。しかし初めての海外暮ら

し、しかも東日本大震災直後ということもあり、不安もたくさん抱えていました。

私は、ヌルさんに私の母を「日本のおかあさんと呼んでいいよ」と紹介しました。もちろん二人の共通語は日本語です。母は初めて外国人のお世話ができるということで、ヌルさんとメールなどで日常的に連絡をとり、一緒に出かけたりしてくれました。ヌルさんは母を「おかあさん」と呼びました。

母は柳川弁がきついので、私から母に「なるべくわかりやすい、共通語の日本語で話してあげて」と言いましたが、方言を抜くことは難しかったようです。さらには世話焼きの性格からとにかくありとあらゆる細かい気配りをしていたようですが、食事も風習も違うイスラム教徒のヌルさんには、これまでのような世話焼きの方法ではなかなか通用しないことを学んだようでした。

いろんな試行錯誤があっても、3年の留学期間は二人が関係を築くには十分な時間でした。ヌルさんの日本語は大きく上達し、母も話し方に慣れたようでした。なによりよかったことは、親しい関係の中で、宗教や文化の違いをお

ヌルさんと母

互い理解できたことです。英語ができなければ外国人とは仲良くなれないと思っていた母ですが、日本語を学ぶヌルさんのおかげで新しい世界への扉を開いたのでした。

2014年、ヌルさんは博士号を無事取得して帰国し母校バンドン工科大学の講師になりました。2017年ヌルさんが結婚するという知らせをもらい、母と私で披露宴に参加しました。そこでは、参列者のみなさんから「日本からおかあさんが来た」と大歓迎されました。こうやって母は世話焼き人生最大のハードルを飛び越えたのでした。

ヌルさんの結婚式

「やさしい日本語ツーリズム」誕生

2015年当時のやさしい日本語は、防災減災や行政文書など、インフォメーション（情報）の書き換えという場面で発展してきました。非常に重要な領域ではありますが、大きなマイナスのもの（そのままでは伝わらない情報）を小さなプラスに転じる（ある程度伝わる情報にする）ためのものという位置づけが強いものでした。外国人が集住している地域を除いて、一般の日本人にはほとんど認知されていませんでした。

私はこのやさしい日本語を、単純にコミュニケーション（意思疎通）の場面に使い、「外国人と仲良くなるためのやさしい日本語」という新領域を立ち上げてみようと思いました。いわば、**ゼロのもの（外国人との縁がない状態）を、大きなプラスにする（外国人と仲良くなる）**というものです。そして故郷の柳川は、小さいけれどアジアから大勢訪れる観光地として、このアイデアを実現するにはベストの場所だと考えました。

2015年２月頃、私は自分のアイデアを**「やさしい日本語ツーリズム」**というコンセプトにまとめました。この言葉は**「やさしい日本語」と「日本語ツーリズム」の合成語**です。

「日本語ツーリズム」は、日本語を学んでいる外国人には日本で日本語の会話を楽しんでもらおうという新語です。そして、そのような外国人には「やさしい日本語」で話せばいい、受け入れる観光事業者や市民はみんなでその話し方を学ぼうという企画を書き上げました。

当時このような企画とは無関係な部署にいた私は、有給を使って故郷柳川に提案することを決心しました。伝をたどって金子健次市長に直接お会いできたのは2015年５月の金曜日でした。私は、「柳川を故郷とするものとして、この企画を『柳川方式』という名前で全国に広めたい」と熱弁しました。すると、金子市長が「吉開さんは、いつまで柳川におるとね。」とお聞きになるので、「来週月曜日の夕方です」と答えると、「月曜の午前にもう一回市役所に来てくれんね」とおっしゃいました。

月曜日に再度伺うと、会議室には、市長・副市長に各部署の部長と観光課の職員の方がずらりと並んでいました。そして、市長が「金曜の話を、もう一回してください」とおっしゃいました。プレゼンが終わると、成松宏副市長（当時）が「これまで外国人観光客の受け入れについては外国語が壁となり、ハードルが高い状態でした。今回の企画は「目から鱗」です。でも、これならぐっとハードルが下がって人は動くかもしれないと思いました」ということを言っていただきました。

そこから市長の指示で観光課職員の方々が真剣に向き合ってくださいました。職員のみなさまのご尽力で、2016年３月に実施された内閣府交付金に後述の台湾人日本語学習者調査の結果を付して申請し、1,500万円の交付金を受けることになりました。これをもとに事業者選定が行われ、電通が受託しました。柳川市長・副市長および職員の方々には本当に頭が上がりません。

台湾人日本語講師、郭獻尹先生との出会い

2014年頃に、私はFacebookに日本語コミュニティを立ち上げました。そのご縁で、同じく台湾人向け日本語学習グループを主宰していた台湾の郭獻尹先生と知り合いました。郭先生は台湾の大学などで教える日本語の講師です。また郭先生がFacebookで主宰する「日語勉強會」は2023年現在６万人以上、2014年当時でも３万人以上のメンバーがおり、資格のある日本語教師がサポートするグループとしては最大級のものでした。

2015年末、柳川市が内閣府交付金申請のための調査協力を郭先生に依頼し、ご快諾いただきました。その調査は、驚くべき結果を示しました。「今まで何回日本に行ったことがありますか」という質問の回答を、日本語学習者と非学習者に分けて集計すると、**日本語を学んだことがある台湾人の20%以上が、10回以上日本を旅行したことがある**と答えたのです。

この貴重な調査結果が決め手となり、柳川市は交付金事業を実施することができました。やさしい日本語ツーリズムが形になった瞬間であり、郭先生のご協力がなければ実現しませんでした。

郭先生には柳川の事業開始後にも協力していただき、台湾と柳川をつなぐ重要な役割を果たしていただきました。この功績で郭先生は柳川観光大使に就任することとなり、現在に至るまで柳川と台湾の架け橋となっています。

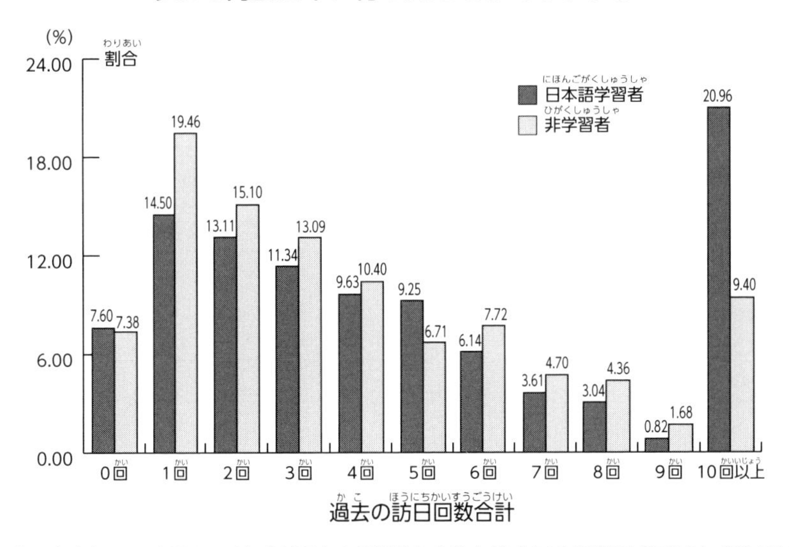

出典：やさしい日本語ツーリズム研究会「柳川市実施台湾人日本語学習者調査」（2016年8月）

寄稿：郭獻尹さん（文藻外語大學専案助理教授・柳川観光大使）

私は日本語教育に従事して25年間、常に学習者の質問にわかりやすく答え、難しい日本語をよりかんたんに表現することを考えてきました。学習者にわかりやすい話し方をする「やさしい日本語」という考え方は、日本語学習者と日本語教師にとって大変有意義な活動です。

「やさしい日本語ツーリズム」プロジェクトのご縁で、私は柳川市から柳川観光大使に任命されるという栄誉を受けました。それをきっかけに、これまで柳川市を３回訪れました。柳川には美しい景色やおいしいうなぎ料理があるだけでなく、地元の人々が大変親切に接してくれます。また市役所でも、市長をはじめ職員のみなさんができるだけかんたんな日本語で話してくれました。

周りの台湾の友人や学生が柳川に行ったときも、地元の人々とか

柳川観光大使就任式

んたんな日本語で交流できたという声をよく耳にします。やさしい日本語の活動は柳川の市民運動として、きっと実を結ぶと信じています。

私は今後も柳川観光大使として、柳川と台湾の架け橋として貢献し続けたいと思います。

やさしい日本語バッジ

柳川の事業では前述の国際交流基金・電通の調査の「台湾人の41.5%が日本語を少しは話せる」という結果から、「台湾人が3人いれば、誰か日本語が話せる場合は80%にもなる」という表現で柳川の事業者や市民にPRしてきました。しかし現実には誰が日本語を話すのか、確率論だけでは不安な気持ちもありました。

柳川やさしい日本語バッジ
左：外国人向け　右：日本人向け

そこで「**やさしい日本語バッジ**」を制作しました。日本語を少しでも話す外国人には「やさしい日本語、お願いします」と書いた白のバッジを配りました。そして、やさしい日本語の話し方を学んだ事業者や市民には「やさしい日本語の、おもてなし」と書いた水色のバッジをつけてもらい、お互いが一目でわかる仕組みをつくりました。このバッジは様々なメディアにとりあげられ、柳川やさしい日本語ツーリズムのキービジュアルとなりました。

このバッジは事業２年目から柳川市内の主要観光地で販売されており、お土産としても好評を博しているようです。また市内だけでなく、通信販売でも販売されています。

Facebook「やさしい日本語バッジ」（柳川市観光協会）

https://www.facebook.com/YasashiiNihongoBadge/

やさしい日本語と北原白秋

柳川は農業が盛んで市内中に堀割が巡っており、かつては市民の生活用水としても使われていました。現在はその堀割を小さな舟で巡る「川下り」が観光名物となっています。

2016年、故郷柳川でやさしい日本語ツーリズム企画を実現した私は、これから始まる事業について、地元の主要観光事業者の方々にいろいろ説明をしました。そのとき、川下り事業者のひとつである大東エンタープライズ社長の工藤徹さんが、「やさしい日本語の運動がなぜ今柳川から始まろうとしているのか、それは**北原白秋の出身地だから**だと思った」と言いました。

工藤さんはやさしい日本語を、明治維新後漢文調の文語文が格上に見られたことに反発した二葉亭四迷や山田美妙など小説家らによる「言文一致運動」と、その後**子供たちが普段使っている言葉で童謡を作ろうという「赤い鳥運動」の再来**だと指摘しました。そして赤い鳥運動の中心的人物が、故郷の偉人**北原白秋**です。

工藤さんの指摘を聞き、今では私自身も故郷柳川が私をやさしい日本語に導いてくれたと信じています。難解な情報の書き換えだけに注目するのではなく、観光でのおもてなしという楽しい取りみからやさしい日本語を普及させようという考え方は、結果的に北原白秋先生の志に本当に近いものだと思います。

柳川の方々のご協力もあり、柳川のやさしい日本語の取り組みは全国の関係者に知られるようになりました。この４年間の事業の貢献が認められ、郭先生に続き私自身も2020年に柳川市から「柳川観光大使」を委嘱されました。このような形で故郷に錦を飾れたことを大変光栄に思っています。

やさしい日本語の歴史に柳川の名前が刻まれ、柳川の歴史にやさしい日本語の名前が刻まれれば、これほどうれしいことはありません。

柳川名物「川下り」

やさしい日本語落語

柳川市は外国人住民がまだ少ないのですが、地元の私立柳川高等学校では海外からの留学生を大勢受け入れています。寮生活の留学生たちは日本語の上達も早いのですが、地元の市民との交流はあまり多くないという状況でした。

そこで私は、以前から親しくしている、英語落語で有名な桂かい枝師匠と一緒に、留学生と柳川市民向けにやさしい日本語で落語をするという企画を立案しました。留学生がやさしい日本語で笑うのを市民が見れば、彼らには日本語でいいとわかってくれるだろうと考えたのです。

準備期間が１か月もない中で、かい枝さんは見事なやさしい日本語で落語を披露してくれました。留学生も市民も落語で笑ったあとの温まった空気のなかで、市民と留学生たちがお茶菓子を食べながら談笑しました。その様子を見た柳川市役所観光課の方は、やさしい日本語の可能性にびっくりしていました。

桂かい枝さんはその後も出雲市や国際交流基金などで公演しています。最近「やさしい日本語落語普及委員会」を立ち上げています。今後の展開が楽しみです。

やさしい日本語落語普及委員会

https://yasashii-nihongo-rakugo.jp/

(柳川でのやさしい日本語落語の様子も見ることができます)

第4章

コツ①
文の「構造」をかんたんに

ここまでやさしい日本語の概略について説明してきました。この章からは、具体的にどのようにすれば外国人にとって日本語がわかりやすくなるか、そのコツをお話ししていきます。

言葉の難しさを決めるのは「構造」「文法」「語彙」

日本語に限らず、**言語の難しさを決める要素として、大きく「構造」「文法」「語彙」**の３つを挙げることができます。覚えなければいけない数が圧倒的に多いのはもちろん語彙です。文法が苦手という人も多いと思いますが、有限の文法と必要な語彙を駆使することで、無限のことを表現できるのが言語です。語彙は新しい言葉を作ることができますが、文法は規則ですので基本的に有限です。

やさしい日本語を身につけようとするとき、どこを重点的に考えたらいいでしょうか。

構造・文法・語彙のうち、文法と語彙については、日本人と外国人が難しいと感じるポイントが大きく違います。

①文法の難しさ

右の表は、日本語を学ぶ外国人が大勢受験する日本語能力試験(JLPT)で、もっとも難しいN1からもっともやさしいN5までの5段階における合格までの学習時間と文法の例です。

やさしい日本語ではJLPT旧試験区分における３級（現在のN4およびN3の一部）と４級（現在のN5）の範囲内の文法や語彙を使うことが推奨されてきました。N4・N5の文法を見ると、なるほどかんたんだと思えるでしょう。しかしN2の文法を見ると、これがそんなに難しいのかと思えるようなものも入っています。

日本語能力試験レベル別文法（一部）と学習時間目安

←難しい　　　　やさしい→

N1 900時間	N2 600時間	N3	N4 300時間	N5 150時間
～かぎりだ	～あまり	～ありませんか	～ようになる	～です
～ずくめ	～以来	～うちに	～なさい	～ます
～だに	～上（に）	～おかげ	～あげる	～ない
～っぱなし	～得ない	～かと思う	～てくれる	～がある
～てやまない	～おそれがある	～からこそ	～もらう	～てください
～といえども	～がち	～気味	～ていただく	～てから
～ながらに	～さえ～ば	～くせに	～ことができる	～ている
～にそくして	～次第	～最中	～だろう	あまり～ない
～はおろか	～だけあって	～しかない	～たり	～といっしょに
～ばこそ	たとえ～ても	～じゃない	～ほうがいい	～になる
～まじき	～つもり	～せい	～と思う	V+たい
～めく	～てならない	～たび（に）	～つもり	～がほしい
～や否や	～というより	～たら	～はず	～ましょう
～を限りに	～どころか	～ついでに	～ため（に）	～くらい
～を禁じ得ない	～とすれば	～でしょうか	～てもいい	どれ
～かたがた	～ながら	～ということだ	～かどうか	～をください
～極まりない	～にあたって	～とおりだ	～がる	～から～まで
ただ～のみ	～にかかわらず	～ないですか	～てみる	まだ～
～つ～つ	～のみならず	～に違いない	～てしまおう	もう～
～であれ	～ばかりに	～ばいいのに	～らしい	～でしょう
～と相まって	～ぶる	～はず	もし～	～たち
～ともなく	～ものの	～ばよかった	～によると	～ませんか
～ないまでも	～やら～やら	～ませんか	～ばかり	～たまま
～にたえない	～わけじゃない	～みたい	～ので	～も～も
～べからず	～わりに	～もので	～のに	を
～ゆえ	～からには	～ようだ	～たがる	～から
～をおいて	～くらいなら	～わけがない	～ず（に）	へ／に
～を皮切りに	～ことに	～がり	～ほど～ない	で
～をもって	～てこそ	～ため（に）	～うち（に）	と
～んがために	～としたら	～てたまらない	～ように言う	や
～んばかりだ	～ばこそ	～なら	～さしあげる	～よ／～わ

2023年現在の中学学習指導要項では外国語（英語）の学習時間は各学年140時間、合計420時間です。一方、中級日本語コース修了相当のN2に合格するための学習時間の目安は600時間とされています。すなわち、**N2に出てくる文法は、英語で例えるなら高校英語の範囲で出てくるもの**なのです。

②語彙の難しさ

同じように、語彙について見てみましょう。日本語は漢字の造語能力が高く、他の言語と比べても名詞の語彙数が非常に多くなっています。確かに漢字の熟語は難しく、音がそのまま意味を表す和語を使うほうがわかりやすいというのが一般的です。また漢語は同音異義語も多いので、相手が漢字圏の人でも「話す」ときには漢語は避けるほうが賢明です。

しかし和語ならすべてかんたんなのでしょうか。右の語彙を見てください。これらも同様に英語なら高校で学ぶ語彙ですが、私たちが日常的に使っている言葉も含まれています。

このように、外国人にとって難しい言葉を単語単位で避けるには、外国人が日本語を学ぶ順番や段階に詳しい必要があります。これは日本語教師のスキルであり、一般の人がそこまでのレベルに達するのは困難です。

日本語能力試験N1・N2の語彙例（和語のみ）

N1（学習目安時間：900時間）

明かす／あくどい／浅ましい／嘲笑う／欺く／味わい／褪せる／あっけない／あつらえる／宛てる／あべこべ／甘える／危ぶむ／案じる／いたわる／うろうろ／うんざり／おおげさ／怠る／恐れ入る／おっかない／おびただしい／重んじる／顧みる／霞む／興じる／きらびやか／覆す／汲む／けがらわしい／険しい／志す／こだわる／冴える／遡る／障る／強いる／凌ぐ／しなやか／しぶとい／準じる／廃れる／ずぶぬれ／すんなり／即する／そっけない／そっぽ／背く／携わる／ちやほや／司る／つかのま／つくづく／咎める／嘆く／ねじれる／のきなみ／捗る／阻む／率いる／ひずむ／冷やかす／ふさわしい／隔てる／ほころびる／施す／ぼやく

N2（学習目安時間：600時間）

微笑む／ぼんやり／まごまご／招く／満ちる／みっともない／醜い／実る／めでたい／儲かる／もたれる／もったいない／催し／やかましい／やむをえない／よそ／わがまま／沸かす／わざと／あいにく／あおぐ／呆れる／厚かましい／あぶる／甘やかす／あらゆる／慌ただしい／勇ましい／いたずら／至る／いばる／いよいよ／いわば／伺う／承る／訴える／うなずく／うなる／敬う／羨む／えらい／補う／おしゃべり／劣る／おのおの／おまわりさん／抱える／限る／囲む／重ねる／かじる／稼ぐ／傾く／偏る／担ぐ／兼ねる／構う／刈る／かわいらしい／きちんと／気の毒／清い／くたびれる／砕ける／ぐっすり／曇る／険しい／漕ぐ／焦げる／こしらえる

「書き換え」はツール活用で

業務などの情報をやさしい日本語にする場合、一定の基準にしたがって書き換えることになります。そんなときは、**頭で基準を覚えていなくても、ツールを使ってチェック**することができます。次のようなツールがあります。

■リーディングチュウ太（川村よし子、北村達也）

https://chuta.cegloc.tsukuba.ac.jp/

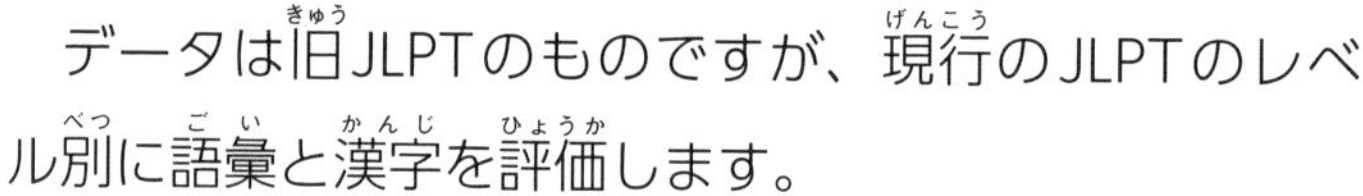

データは旧JLPTのものですが、現行のJLPTのレベル別に語彙と漢字を評価します。

Reading Tutor

リーディング チュウ太

日本語 / English / Deutch

入力された文章

世界には日本語を学んでいる人が、想像以上にたくさんいます。
彼らは日本に来て、日本人と日本語で話をしたいと思っています。
また、日本に住み、日本語を学んで働く外国人も増えています。
彼らの子供たちも、日本の学校で、日本語で授業を受けます。
つまり、これからの日本は、さまざまな人が、さまざまな日本語を話す社会になるということです。
外国人にとって、日本語は母語ではありません。
日本人が、なかなか完璧に英語を話せないように、外国人の日本語も、間違っていたり、幼稚に聞こえたりするでしょう。
大事なことは、そのような人たちが話すさまざまな日本語を、寛容な気持ちで受け止めること。
そして、私たちも、必要なときには、やさしい日本語で話すことです。

級外 2 (2)
母語 1
話せる 1

N1 3 (3)
完璧 1
寛容 1
受け止める 1

N2N3 25 (10)
日本語 9
学ぶ 2
想像 1

単語レベル: ★ とてもやさしい

総数	語彙総数	級外	N1	N2N3	N4	N5	その他
183	155	2	3	25	20	105	28
118.1%	100.0%	1.3%	1.9%	16.1%	12.9%	67.7%	18.1%
(78)	(76)	(2)	(3)	(10)	(15)	(46)	(2)
102.6%	100.0%	2.6%	3.9%	13.2%	19.7%	60.5%	2.6%

次の２つは日本語教育における初中上級などの区分で評価します。

■やさにちチェッカー（岩田一成、森篤嗣、松下達彦、中島明則）

http://www4414uj.sakura.ne.jp/Yasanichi1/nsindan/

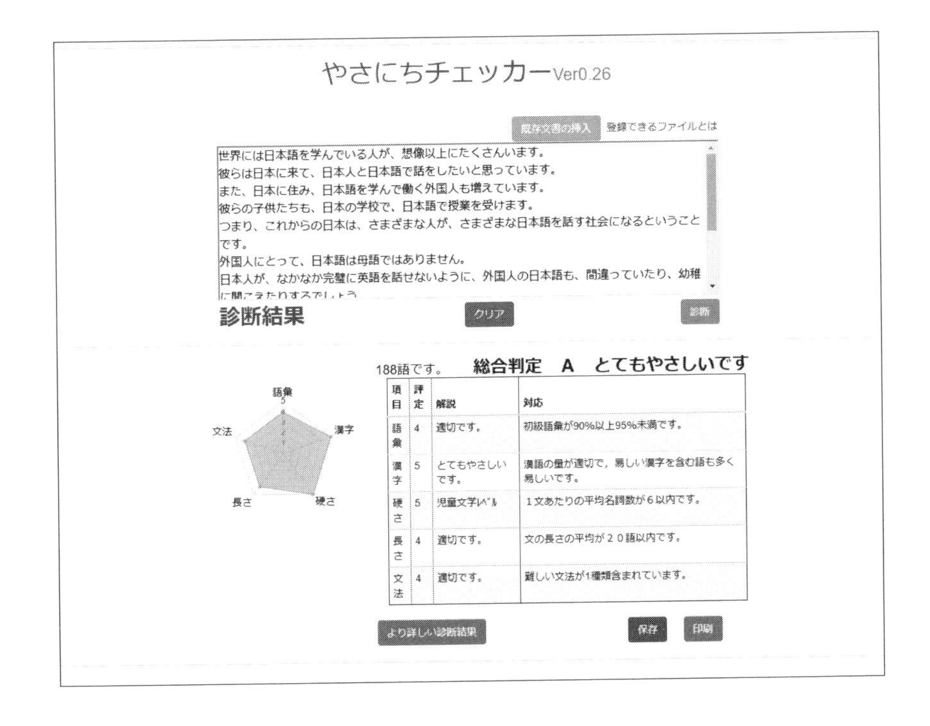

jReadability（李在鎬、長谷部陽一郎、久保圭）

https://jreadability.net/

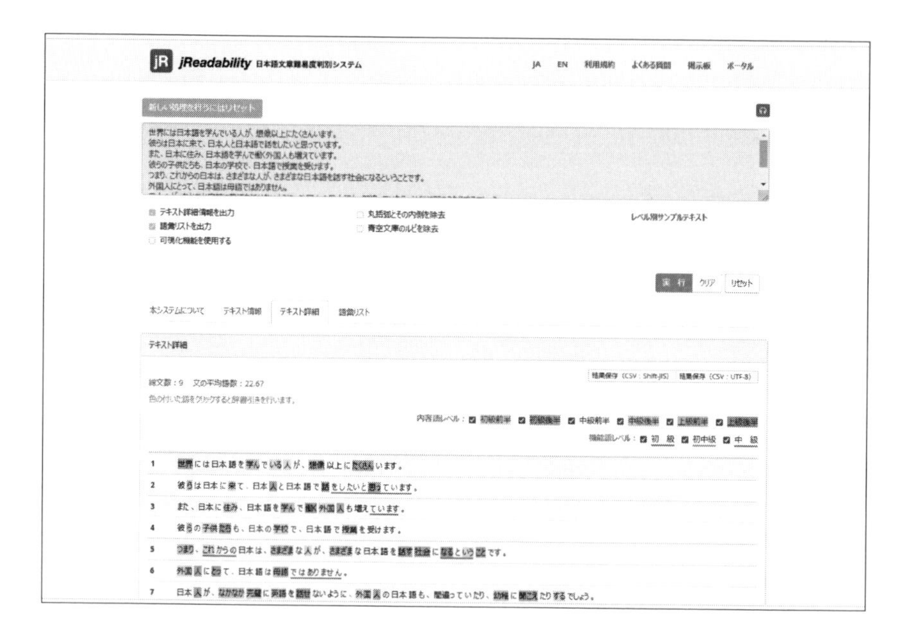

やさしい日本語自動翻訳サービス「伝えるウェブ」

「伝えるウェブ」は、アルファサード株式会社が開発した、日本語からやさしい日本語へ自動翻訳するサービスです。アルファサードは代表的国産CMS (Content Management System、ウェブサイトのコンテンツ管理システム) のひとつであるPowerCMS ™の開発会社です。

アルファサードではニーズが高まっているやさしい日本語への翻訳もAIを活用できないかと野田純生社長自ら開発に着手、CMSとして初の機械学習 (AI) を導入したやさしい日本語情報発信支援サービス「伝えるウェブ (https://tsutaeru.cloud/)」を2018年にリリースしました。

大量の文書をやさしい日本語に書き換える作業は、他の言語翻訳と同様、できるだけシステムを活用しないと追いつきません。2019年度総務省・NICT主催「多言語音声翻訳試作品コンテスト」で、このシステムを活用した「やさしい日本語化支援アプリ」で同社が総務大臣賞を受賞しました。

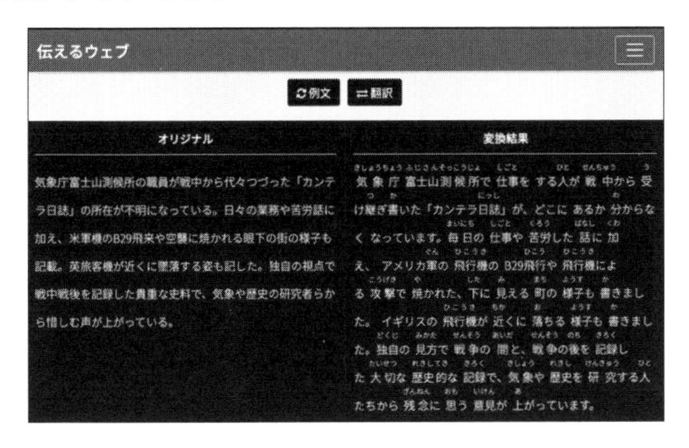

すでにいくつかの自治体のウェブサイトがアルファサードのAIやさしい日本語エンジンを導入し、ボタン切り替えによるやさしい日本語化とルビ振り化を実装しています。

●山形県鮭川村
http://www.vill.sakegawa.yamagata.jp/

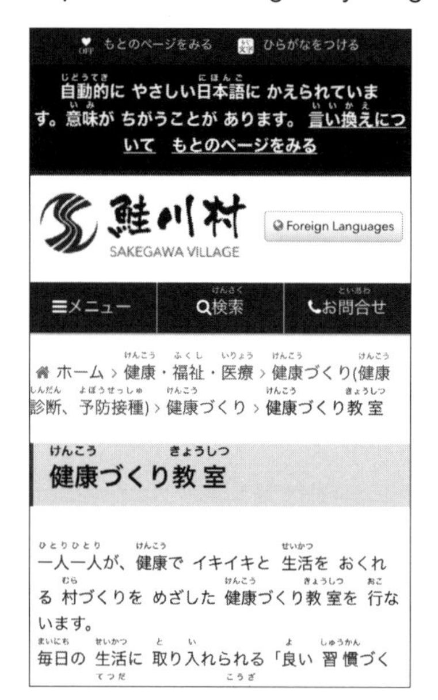

●岩手県久慈市
https://www.city.kuji.iwate.jp

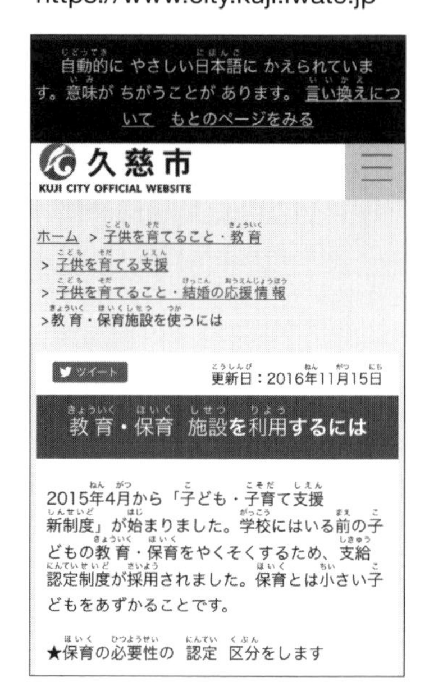

さらに2021年、やさしい日本語に関する情報を発信するサイト「やさにちウォッチ」を立ち上げています。やさしい日本語を含め、様々なアクセシビリティに配慮した、次世代のウェブサイトのあり方を自社サービスとして提起しています。「伝えるウェブ」とアルファサードの今後が楽しみです。

●やさにちウォッチ

https://watch.tsutaeru.cloud/

文の「構造」は4つしかない

文法や語彙の種類は大変多く、日本語母語話者が外国人にとっての難しさを判定するのは難しいものです。しかし文の「構造」は4種類しかありません。それは**「単文」「重文」「複文」「重複文」**です。

- **単文**　：主語と述語が一つずつの単純な文
- **重文**　：単文が並んでつながっている文
- **複文**　：名詞を修飾している文がある文
- **重複文**：重文と複文が組み合わさった文

この中で**「単文」が一番シンプルであり、単文を心がけるだけでも劇的にわかりやすくなります。**

文の「構造」は4つだけ

かんたん

単文　誰にでもわかりやすい

彼は学生です。

重文（単文が並んでいる）

彼は学生ですが、毎日アルバイトをしています。

複文（文が名詞を修飾している）

アルバイトをしている学生は、大勢います。

重複文（重文と複文の組み合わせ）

アルバイトをしている学生は大勢いますが、
毎日している学生は少ないです。

難しい

文の構造をかんたんにして、単文で言う

やさしい日本語の答えは一つではありません。相手の日本語のレベルは様々であり、また出身が漢字圏・非漢字圏でも違ってきます。専門家でも難しく、一般の人が言い換えに迷うのは当然です。

しかし**だらだらした文をシンプルな単文に分割することは比較的かんたんで、答えがあります。**少し練習すれば誰でもできるようになります。

単文で言えると、**AI翻訳を使うときもある程度高い翻訳精度が期待**できます。さらに少しだけ日本語の難しさを知ることで、**日本語初心者にも通じやすいやさしい日本語で対応できる**ようになります。

どんなに単語レベルで言い換えても、文の構造がわかりにくければやさしい日本語にはなりません。**まずはあまり言い換えにこだわらず、徹底的に単文で話す練習をしてみましょう。**

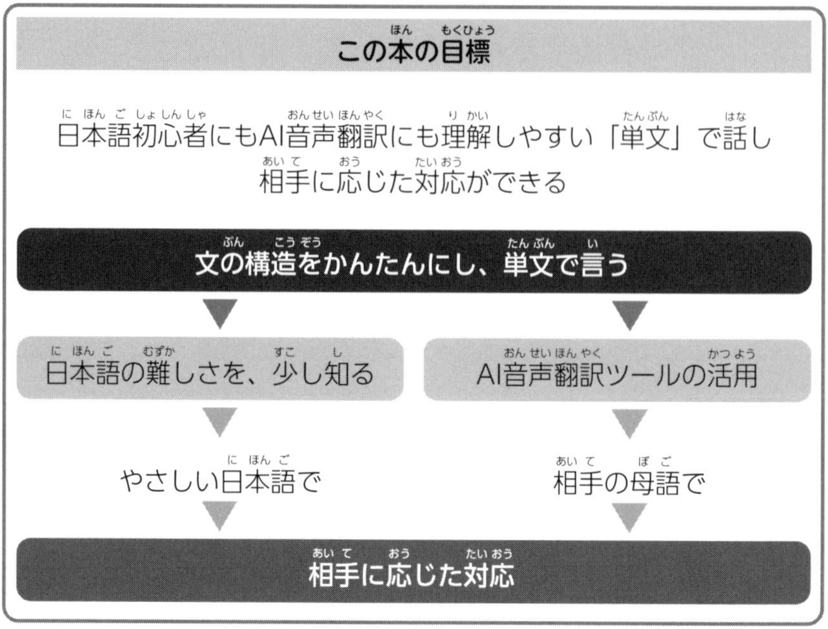

この本の目標

日本語初心者にもAI音声翻訳にも理解しやすい「単文」で話し
相手に応じた対応ができる

文の構造をかんたんにし、単文で言う

▼ 日本語の難しさを、少し知る ▼ やさしい日本語で ▼

▼ AI音声翻訳ツールの活用 ▼ 相手の母語で ▼

相手に応じた対応

やさしい日本語エバンジェリスト 船見和秀さん、井上くみ子さん

実力派のやさしい日本語講師を紹介します。

●船見和秀さん（フリーランス日本語教師、チームやさしい日本語）

三重県伊賀市の『伊賀日本語の会』で地域日本語学習支援に関わる一方、2017年からヒューマンアカデミーやさしい日本語指導者養成講座講師を務めています。フリーランスとしても三重・滋賀を中心に講演に引っ張りだこ。プロのやさしい日本語講師の先駆け的存在です。

チームやさしい日本語

https://www.teamyasashiinihongo.com/

●井上くみ子さん（地域日本語教育コーディネーター）

「多文化子育ての会Coconico」代表として、さいたま市近辺在住の外国出身のお母さんや子供たちと、地域で活動しています。講演では得意のモンゴル語を駆使した「わからない体験」を通じ、外国出身親子の気持ちを理解させてくれます。介護福祉士の資格も持ち、介護、教育、子育て、多文化共生等多方面での講演実績があります。

多文化子育ての会Coconico

https://www.facebook.com/CoconicoUrawa

第5章

コツ②
ワセダ式ハサミの法則

第４章で、文の構造をかんたんにし、徹底的に単文で話す練習から始めることを提案しました。では、具体的にどうやってシンプルな単文を作っていくのか。そのコツ「ワセダ式ハサミの法則」を紹介します。

ハサミの法則：やさしい日本語、基本のキ

「ハサミの法則」はやさしい日本語で話す一番基本の心得です。

はっきり言う：はっきり伝える。あいまいな言い方はしない。

さいごまで言う：文末まではっきり言う。言いよどみをしない。

みじかく言う：一文は短く言う。だらだらつなげない。

「はっきり言う」ことは、明瞭な論理で話すということと同時に、明瞭に発音するという点も大事です。「ゆっくり言う」こととは違います。「おーなーまーえーは」のように１文字ずつ伸ばすと、むしろわかりにくくなります。

「さいごまで言う」ことも大事です。「（〜）なんですけど……。」と文末をあいまいにしたまま相手が察して返事するのを待つ、というのは日本語の高度な会話手法であり、外国人を戸惑わせるものです。

もっとも大事なことは**「みじかく言う」**です。これを心がけると「はっきり言う」も「さいごまで言う」も上手にできるようになります。ここからは、この「みじかく言う」を中心に詳しく説明していきます。

やさしい日本語の話し方は、「にぎり寿司を一貫ずつ」

やさしい日本語は、とにかく一文が短くなければいけません。長すぎると相手が理解しきれず、途中で集中力が切れるからです。

やさしい日本語の話し方は、**にぎり寿司を食べてもらう**ことに似ています。

- 一貫ずつ握り
- 相手に食べてもらい
- 相手が食べ終わって
- 「おいしい」と言ってから
- 次の一貫を出す

という順番です。

寿司も軍艦巻きのように複雑なものではダメです。シャリの上にネタは一つ。「トロ」「カンパチ」「タコ」のように、ネタの名前がそのままにぎり寿司の名前になるようなものがいいです。決して桶に入ったちらし寿司を出さないようにしてください。

ハサミの法則で、チョキチョキ切ってみよう

それでは次の長〜い文をハサミでチョキチョキ切り、それぞれを「です・ます」で終えてみましょう。

BEFORE

大阪に住んでいる友人と２年前に渋谷でお好み焼きを食べたのですが、友人は「こんなん自分で作ったほうがおいしいわ」と言って、去年私が大阪に行ったときに、お好み焼きのホームパーティーをしてくれました。

２年前の話と去年の話もまとめて一文に入っています。しかし実際にこのような話し方をしている人は多いのではないでしょうか。

まずはこれをこのように**「みじかく」**区切ってみます。

①大阪に住んでいる友人と
②２年前に渋谷で
③お好み焼きを食べたのですが、
④友人は「こんなん自分で作ったほうがおいしいわ」と言って、
⑤去年私が大阪に行ったときに、
⑥お好み焼きのホームパーティーをしてくれました。

この文の順番に、**「はっきり」「さいごまで」**言ってみます。

①大阪に住んでいる友人と

➡**私の友人は、大阪に住んでいます。**

ヒント
「住んでいる」という動詞で一文にしています。

②２年前に渋谷で

➡**私と友人は、２年前に渋谷に行きました。**

ヒント
「誰が」という主語を入れます。②と③は１つの文でもいいですが、ちょっと情報量が多いので分けてみました。そのために、「行きました」という動詞を補足しています。

③お好み焼きを食べたのですが、

➡**私と友人は、お好み焼きを食べました。**

ヒント
やはり「誰が」の情報を入れました。この文だけ見ても内容がはっきりわかります。

④友人は「こんなん自分が作ったほうがおいしいわ」と言って、

➡**でも友人は、「これはおいしくないです。私が作ったほうがおいしいです。」と言いました。**

ヒント

大阪弁のニュアンスは不要です。「こんなん」の部分を「これはおいしくないです」と補ってみました。

⑤去年私が大阪に行ったときに、

➡**去年、私は大阪に行きました。**

ヒント

直前の「と言って、」からつながりますが、特に文の頭につながる言葉をいれなくてもいいでしょう。

⑥お好み焼きのホームパーティーをしてくれました。

➡**友人は、私のためにお好み焼きのホームパーティーをしてくれました。**

ヒント

「してくれました」の意味をはっきりさせるために「友人は私のために」と入れました。

最後に「友人」をもっとかんたんな「友達」に言い換えると、以下のようになりました。

AFTER

私の友達は、大阪に住んでいます。
私と友達は、2年前に渋谷に行きました。
私と友達は、お好み焼きを食べました。
でも友達は、「これはおいしくないです。私が作ったほうがおいしいです。」と言いました。
去年私は、大阪に行きました。
友達は、私のためにお好み焼きのホームパーティーをしてくれました。

これなら日本語を習い始めたばかりの人でもわかります。

読んでみると、**昔話や絵本の読み聞かせ風**になっています。このようなイメージで、一貫ずつにぎり寿司を出すのが、「ハサミの法則」によるやさしい日本語です。

ワセダ式：「みじかく言う」ための実践手順

「ハサミの法則」はやさしい日本語の大きな枠組みを意識するのにもっともシンプルなキーワードです。その中でもっとも大事な「みじかく言う」を具体的に実践するための、「**ワセダ式**」という考え方を紹介します。

ワセダ式は

わけて（分けて）言う
せいり（整理）して言う
だいたん（大胆）に言う

の頭文字をとったものです。順番に説明していきます。

わけて（分けて）言う

最初は「分けて言う」です。複雑な表現を、単純な文や言葉に分けていきます。

①つながっている文は、分ける（重文）

単純に並んでいる文は、単文に分けます。動詞（述語）の数だけ分けることができます。

BEFORE

朝起きたら歯を磨いて顔を洗います。

AFTER

朝起きます。歯を磨きます。顔を洗います。

ヒント

「〜たら」の部分に迷った人も多いと思います。この文のようにほとんど順番に言っているだけなら、細かい接続にこだわらなくてもいいでしょう。

②つながっている文は、分ける（複文）

文が名詞を形容することがあります。これも分割します。

BEFORE

私は医者をしている兄がいます。

AFTER

私は兄がいます。彼は医者をしています。

ヒント

「私は医者をしている兄がいます」と言うと、「私が医者をしている」と勘違いする人もいます。この表現は連体修飾といって、文法的にも高度なものです。
同じ文を英語で言えば“I have a brother who is a doctor.”と、関係代名詞という文法が必要になります。これは中学３年生の英語に出てくるものです。しかし“I have a brother. He is a doctor.”と言えば中学１年生の文法で作文できます。“This is a pen.”と同じレベルの文です。
日本語になると、すべての文法を使い、一文を長く言うのが普通なので、意識しないと短く分けることはできません。

③つながっている名詞は、分ける（複合名詞、連濁など）

文だけでなく、２つの名詞がつながった名詞（複合名詞）もあります。このような名詞もバラバラにするほうが伝わりやすくなります。

BEFORE

夜道はあぶないですよ。
彼は飲み友達です。
日本語の読み書きはできますか？

AFTER

夜の道はあぶないですよ。
彼は友達です。よく一緒にお酒を飲みます。
日本語を読むことや、書くことはできますか？

ヒント

「夜道」「飲み友達」「読み書き」は名詞の組み合わせです。1つの単語として知らなければ、外国人が音で聞いてもよくわかりません。名詞＋名詞なら「AやB」「AとB」のように分けます。「飲み」「書き」などは、動詞の形や「～（する）こと」の形で分けてください。

BEFORE

春は草花がきれいです。
兄弟げんかはやめてください。

AFTER

春は草や花がきれいです。
兄弟で、けんかをしないでください。

ヒント

「草花」「兄弟げんか」など、**名詞が続くと、2番目の名詞の頭が濁音になることがあります**。これを「連濁」といい、「ばな」や「げんか」など、聞いても元の言葉がわかりにくくなります。辞書通りの発音になるよう分けてください。

④「お・ご」＋名詞は、できるだけ名詞だけで

「お紅茶」「お仕事」は、それぞれ「紅茶」「仕事」と言ったほうがいいです。なぜでしょうか。

「こうちゃ」も「しごと」も、アクセントが高くなるのは2番目の文字です。ところがていねいな「お」をつけると、「紅茶」「仕事」の部分のアクセントで一番高くなるのは最初の文字に移ります。このような現象が起きると**日本語初心者は元の言葉に聞こえなくなる**のです。

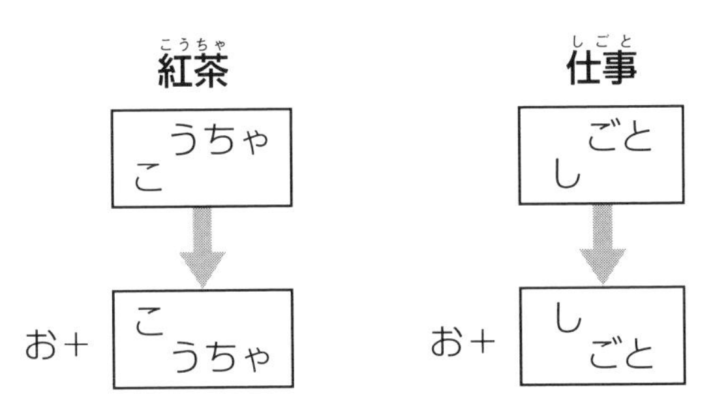

このような現象は「**アクセント核移動**」といい、複合名詞全般に起きます。前述の「夜道」「飲み友達」「読み書き」「草花」「兄弟げんか」のすべてに、この現象が起こっています。

このため、**「お・ご」をつけたり、名詞同士をつなげたりすると大変わかりにくくなることが多い**のです。「ごはん」や「おちゃ」など分割できないものや、「お金」「お酒」のようにこの形で使うのが一般的なものなど、少し例外に注意する必要がありますが、たいていの場合は、「お・ご」をつけないほうが聞き取りやすくなります。心がけてください。

せいり（整理）して言う

「分けて言う」の次は「**整理して言う**」です。

お昼頃、あなたがJRの品川駅のコンコースを通っているとき、知らない人があなたに（日本語で）「新橋駅に行きたいんですが……。」と聞いてきたとします。あなたがとても親切な人なら、こんな感じに答えるかもしれません。

BEFORE

あー、新橋ですか。山手線でも東海道線でも横須賀線でも大丈夫ですが、京浜東北線は今の時間だと快速運転なので新橋には止まらないんですよ。夕方なら大丈夫ですけど。高くついちゃうんですが、京急品川駅から都営浅草線直通でも行けます。やっぱり山手線に乗るのが一番いいんじゃないかな。本数も多いし。あ、内回りですからね。うっかり外回りに乗っちゃうとぐるっと回って１時間ぐらいかかっちゃうので気をつけてくださいね。

長い。そして情報量が多い。書いてある文章なら読み返せますが、この文を耳で聞いても、どれがいいのかさっぱりわからないでしょう。

このような文も、単文に切っていくことはできます。ちょっとやってみましょう。

①新橋ですね。山手線で行くことができます。

②東海道線でもいいです。横須賀線でもいいです。

③でも京浜東北線は、今は新橋には止まりません。

④いつもより速く走ります。夕方になったら止まります。

⑤京急の品川駅から地下鉄に乗ってもいいです。

⑥でも、お金をもっと払わなければいけません。

⑦一番いいのは、山手線に乗ることだと思います。

⑧山手線は、たくさん電車が走っています。

⑨東京駅に行く電車に乗ってください。

⑩逆のほうに乗ってもいいです。

⑪でも１時間もかかります。気をつけてください。

どうでしょうか。確かに一文一文はわかりやすくなりましたが、まだとても長いです。

そもそも駅で行き方を聞いている人は、急いでいる場合が多いでしょう。このようなだらだらした、不要な情報まで網羅した言い方は、一文一文短く分けてわかりやすくして言ったとしても、誰もうれしくありません。**分けたあとは、思い切って内容を整理する必要があります。**

例えば、これで十分なのではないでしょうか。

AFTER

新橋ですね。
JRの山手線に乗ってください。
東京駅のほうに行ってください。
新橋は４番目の駅です。

文を分けると、内容の整理がとてもしやすくなります。「わけて言う」の次が「せいり（整理）して言う」なのです。

だいたん（大胆）に言う

文を「分けて」構造を単純にし、内容を「整理して」も、残った一文の表現がまだ難しい、ということがあります。この場合のコツは**「だいたん（大胆）に言う」**です。

①敬語は使わない、「です・ます・ください」を使う

敬語を使わないのは、やさしい日本語の基本です。尊敬語・謙譲語・丁寧語、すべて伝わりにくい原因です。「お・ご＋名詞」がわかりにくいことも述べました。**敬語は使わず、大胆に「です・ます・ください」のような言葉で締めましょう。**

BEFORE

何を**お召し上がりになります**か。
チケットを**拝見させていただきます。**

AFTER

何を**食べます**か。
チケットを**見せてください。**

②漢字の言葉は避け、かんたんな和語を使う

漢字の熟語は多くの場合、様々な「音読み」で読みます。音読みを聞いても元の漢字を想像できない学習者は、意味を理解できないことが多いでしょう。

一方、漢字圏の人にとって書いてある漢字熟語は理解しやすいものです。しかし現代の中国語では１つの漢字の読み方は原則として１種類しかないのに比べると、**日本の漢字の音読みは呉音・漢音・唐音と３種類もあり、現代の中国語と似ていない発音も残っています。**例えば「明」の発音には呉音のミョウ（光明など）、漢音のメイ（明白など）、唐音のミン（明朝体など）があります。このため会話では漢字圏の人でも音から推測できないこともあります。さらに日本語で使う音の種類が少ないため同音異義語が極めて多く、漢字圏の人にとっても会話における漢語は想像しづらいものになっています。

試験を	開始します	⇨	始めます
同窓会を	開会します		
コンサートを	開演します		
映画を	上映します		
ミュージカルを	上演します		

絵を	鑑賞します	⇨	見ます
試合を	見物します		
お寺を	拝観します		

このような言葉は、**そのまま意味を表す「訓読み」、すなわち「和語」に言い換えるようにしましょう。**

③名詞になった動詞は、元の動詞で言う

「歩く」や「起きる」のような基本的な動詞は、外国人も早い段階で学びます。しかしそれらが名詞になった「歩き」や、他の言葉と組み合わせた「早起き」のような名詞は、その動詞を知っていても、必ず聞き取れるとは限りません。

「早起きをしてください」のような**「動詞を使った名詞＋動詞」の言い方は日常的に使いますが、初学者にはとても難しく聞こえます。**この場合、「起きる」という動詞に戻し、「(毎日) 朝、早く起きてください」というほうがはるかに伝わりやすくなります。

BEFORE

電車は遅れが生じています。
駅まで歩きでもいいです。

AFTER

電車は遅れています。
駅まで歩いてもいいです。

④できることはできる、できないことはできないと言う

「現金しか使えません」、この文のどこが難しいのでしょうか。

この文は、現金が使える話をしているのに、「使えない」という言葉を使っています。「しか」という言葉が聞こえなかったり、知らなかったりしたら、「現金、使えません」と言っているのと同じです。大事な情報なのになぜそんな間違いを引き起こすリスクを冒すのでしょうか。

「現金だけ使うことができます」と言えば、確実にわかりやすくなります。でもこのような言い方は少しきつく聞こえるかもしれません。そこはわかりやすさを優先し大胆に言う必要があります。

同様に、「〜なくはないです」のような**二重否定も大変難しい**ものです。できることはできる、できないことはできない、と言うことからはじめ、必要に応じて情報を補足しましょう。

BEFORE

現金しか使えません。
電車でも行けなくはないです。

AFTER

現金だけ**使えます。**(=カードは**だめです。**)
電車でも**行けます。**(でも時間がかかります。など)

⑤豊かな表現、ニュアンスはあきらめる

これらの言葉の共通点はなんでしょうか。

入り組む	込み入る	釣り合う	引き立つ
入り浸る	炊き出す	連れ添う	引き払う
打ち解ける	出し抜く	出戻る	開き直る
落ち入る	立ち上げる	取り入る	渡り合う

これらは、「引く」「立つ」のような基本的な動詞が組み合わさってできた**複合動詞**といいます。

しかもここに挙げた複合動詞は**動詞Aと動詞Bを組み合わせると全然関係ないCという意味になる**ものです。

「引く」:「引」の字は、日本中のドアに書いてあります。
「払う」:日本で生活すれば、「払う」は必ず知っています。
でも、なぜ「引き払う」が引っ越しに関係するのでしょうか。

このように複合動詞は、シンプルな訓読みの和語で、豊かなニュアンスを表します。しかし和語にもかかわらず、**複合動詞は上級学習者にもわかりにくい**ものなのです。このような豊かな表現は大胆にあきらめ、シンプルな動詞に言い換えたほうが得策です。

BEFORE

早く**打ち解けて**くださいね。

AFTER

早く**仲良くなって**くださいね。

また、「雨がざあざあ降る」「しとしと降る」のような**オノマトペ（擬音語・擬態語）**も、日本語学習者には大変難しいものです。

一般にやさしい日本語は、小学校低学年の日本人児童でもわかるような表現とされますが、オノマトペは別です。日本人児童なら日常的にオノマトペに接するので理解できます。しかし、外国人がこのニュアンスを教科書で学ぶのは大変であり、なによりキリがありません。**オノマトペは日本語学習者の悩みのタネ**なのです。

オノマトペも複合動詞同様、日本語の豊かさを表す言葉なのですが、やさしい日本語で話すときは、ニュアンスをあきらめ、大胆に言い換えてください。

BEFORE

床を**ピカピカに**してください。

AFTER

床を**きれいに**してください。

そのほか、覚えておくといいこと

ワセダ式ハサミの法則だけでもかなり伝わりやすくなりますが、日本語初心者にもっとわかりやすく言うには、もう少しポイントがあります。

カタカナ英語・和製英語は避けよう

まず「カタカナ英語」です。「トイレ」「バス」「エレベーター」のように極めて日常的な言葉は、外国人が学ぶ教科書に日本語の一種として載っているので大丈夫です。しかし一般的な英単語をカタカナで発音しても、発音があまりにかけ離れているため、元の単語を連想することができないことが多いのです。例えば「その温泉は、部屋にもユニットバスがついています」と言うと、外国人にはなかなか伝わらないでしょう。「部屋にもお風呂があります」のほうがわかりやすいはずです。

カタカナ英語を省略したり頭文字にしたりした言葉はさらに難解です。サンドウィッチを「サンド」と言えば、聞き取れたとしても「砂」にしか聞こえません。「ペットボトル」を「ペット」と略し、回収箱に「PET」と書いてあれば、それはもはや動物のことにしか読めません。

また「ペットボトル」はそもそも英語ではplastic bottleです。このような「和製英語」も大きな問題です。和製英語に詳しい北九州市立大学アン・クレシーニ准教授は、著書『ペットボトルは英語じゃないって知っとうと!?』で、以下の言葉はすべて英語にはない、または勘違いされる言葉と述べています。

スキルアップ/レベルアップ/キャリアアップ/ポイントアップ
マイカー/マイバッグ/マイペース/マイホーム/マイブーム
ノーメイク/ノースリーブ/ノープラン/ノーアイロン

もっとも、何が和製英語か意識するのは大変です。身近な名詞以外のカタカナ英語は避けるほうがいいでしょう。

そのほか気をつけたい言い方(れる・られるなど)

また、例えば「見られる」という言葉は尊敬、受け身、可能の3種類の意味にとれます。「れる・られる」を使った表現は日本人も混乱することがあります。

このため、可能の意味で「飲める」「見られる」などを外国人に言うときは、少し意外ですが**「飲むことができます」「見ることができます」というほうが伝わりやすくなります**。これは外国人だけでなく日本人にもわかりやすい言い方になります。

そのほか、頭に入れておくとよい心がけを、愛知県が作った「やさしい日本語の手引き」を参考にまとめてみました。

専門用語　→　日常語

例）料金代引き → 家に届いたときに、お金を払ってください

敬語・俗語・若者言葉・慣用句　→　普通語

例）彼は顔が広いです　→　彼は友達がたくさんいます

方言　→　共通語

例）帰りしなに　→　帰る途中に

抽象的な言葉　→　具体例を示す

例）紫外線を避けてください　→　紫外線はあぶないです。帽子をかぶったり、長いそでのシャツを着たりしてください。

略語　→　元の言葉

例）早大　→　早稲田大学

一般社団法人 やさしい日本語普及連絡会

筆者は2023年３月末で前職の株式会社電通を早期退職し、電通の厚意もあり「やさしい日本語ツーリズム研究会」のブランドとそれまでのビデオ作品などをすべて継続して使用する形で独立しました。

さらに、やさしい日本語に関わる法人の方々を対象にした初の業界団体「一般社団法人やさしい日本語普及連絡会」を同年４月に立ち上げ、代表理事に就任しました。この社団は政治家や官僚、行政担当者や識者などに向けたロビー活動を目的とし、日本語学校や送り出し機関など外国人に直接関わる法人の方々と共に、日本社会で外国人が公正に取り扱われるための制度整備などを提言していきます。当面の活動のひとつとして、「労災防止」の観点から、関係各所にアピールしていくことにしています。

社団の発起人はやさしい日本語エバンジェリストとして本書で紹介した井上くみ子さんと船見和秀さんです。特別協力法人会員として、日本語教育関連の情報メディアであり、本書最後に紹介する『入門・やさしい日本語』認定講師養成講座の運営元のにほんごぷらっとと、やさしい日本語化支援ツール「伝えるウェブ」を提供するアルファサード株式会社から多大な支援を受けています。

個人会員は現時点では『入門・やさしい日本語』認定講師の方のみとし、会員特典としてアルファサードの「やさ日エディター」のライセンスがついてきます。詳しくはウェブサイトをご覧ください。

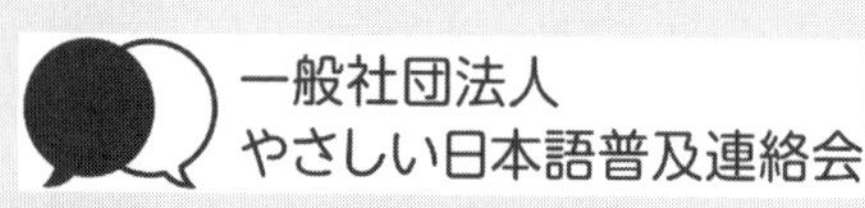

https://www.yasanichi.com/

第6章

AI翻訳活用術

Google翻訳や専用端末型の翻訳機など、AI翻訳技術の発達と普及が進み、外国語に熟達しなくても世界中の人と通じ合える時代になってきました。それなら、やさしい日本語は必要ないのでしょうか。いいえ、むしろAI音声翻訳を使うときにこそ、やさしい日本語の考え方が役に立つのです。ここからはAI音声翻訳を中心にどうすれば活用できるか紹介します。

AI翻訳があれば、やさしい日本語はいらない?

日本語が少しわかる外国人と話すときはやさしい日本語で話ができます。では相手が日本語をまったく知らない場合はどうでしょう。

そんなときは、Google翻訳などの**AI翻訳が大いに役に立ちます。**革新的なディープラーニング（深層学習技術）が登場し、大量の対訳データをもとに解釈することで、極めて自然な翻訳結果を出せるようになってきています。契約書や論文など、整った文章の英訳は現在でも驚くほどの実用性があります。

また、**音声で入力できる音声翻訳アプリの発展もめざましく、**手元のスマホで使うことができます。さらには、様々な専用端末型の翻訳機も世に出ています。特に2017年末にソースネクスト株式会社がリリースした音声翻訳端末「POCKETALK®（ポケトーク）」シリーズの商業的成功が、注目を加速させました。

AI翻訳の対応言語は英語だけではありません。**AI翻訳を使えば、理論上世界中の人と日本語で通じ合えるようになります。**そんな魔法のようなツールがあればやさしい日本語なんかいらない、自分の好きなように話しても翻訳してくれると思う人も多いでしょう。

しかし話はそんなにかんたんではありません。**逆に、音声翻訳アプリを使うときこそ、やさしい日本語の考え方が重要**なのです。ここからはAI音声翻訳を中心にどうすれば活用できるか紹介します。

小平市「やさしい日本語×多言語音声翻訳」

2020年オリンピック・パラリンピック大会に向けた多言語対応協議会（以下「協議会」）の担当として東京都に出向していた小平市職員（当時）の萩元直樹さんは、リオ2016パラリンピック視察時、多言語音声翻訳アプリVoiceTra®（ボイストラ）を活用した現地の人たちとの交流機会を多く持つ中で、かんたんな表現であればポルトガル語などでも適切に翻訳され、十分コミュニケーションがとれると気がついたことから、やさしい日本語の新たな可能性に注目するようになりました。そして2016年末の協議会のフォーラムでやさしい日本語の各分野の第一人者によるパネルディスカッションを初めて実現し、多言語対応におけるやさしい日本語の位置づけを確立しました。

その後小平市に戻った萩元氏は、地元小平市で「やさしい日本語×多言語音声翻訳」と題して、小平市民がやさしい日本語とVoiceTra®を活用しながら、在住外国人・訪日外国人と交流を図る講座を実施しました。この一連の活動は、内閣官房が進める「beyond2020プログラム」の優良事例に選定され、総務省によるやさしい日本語への取り組みのきっかけとなっています。

萩元氏は現在「サステナブルタウン」代表として独立し、地域に暮らす一人ひとりが環境・社会・経済にとって最良な選択を見つけられる「サステナブルな地域社会」づくりに取り組んでいます。

サステナブルタウン

https://sustainabletown.wixsite.com/official

AI翻訳の問題点

素晴らしい技術革新にも、まだまだ課題があると考えられます。

1. 翻訳結果のブラックボックス化

AI技術の問題点として、**なぜその結果となったのかというロジックが追いかけられなくなっていること**があります。また現在でも意外な文で単純な間違いをすることがよくありますが、間違った対訳データが含まれていることが原因となっています。使用者からの間違い報告機能で改善するアプリもあります。

2. 対訳データの作り方と精度

将棋のプロ棋士がAI将棋ソフトには勝てない時代になりました。最近のAI将棋ソフトは過去の定跡（上手な指し方のパターン）を一切取り込まず、自分自身で何千万局も対戦して、独自の戦法を生み出していきます。将棋はルールがはっきりしており、対戦データも自動的に生成できることから機械の性能向上と合わせて急速に強くなっていったものです。

しかし翻訳の世界では、「言語Aの文Xと言語Bの文Yが同じ意味である」という対訳データを作るためには、両方の言語に詳しい「人の判断」が必要になります。またXの翻訳がYであっても、Yの翻訳がXだとは限らない場合もあります。**翻訳精度を上げるための対訳データを作るには、将棋と違って非常に大きな手間と費用、そして専門家のチェックが必要になります。**

3. 対訳データの少ない言語への翻訳

前項で述べた通り、AI翻訳の対訳データを作るのはかんたんではなく、費用もかかるため、政府も民間もニーズの大きい英語との対訳データ作りを優先します。このためほかの言語、特にこれから国内でニーズが高くなるベトナム語・ネパール語・インドネシア語のような**諸言語が、英語と同等の翻訳結果になるという期待はあまりできない**のが実情でしょう。

2023年には「生成AI」という画期的な技術が公開され、言語間翻訳も特に日本語と英語の間に関して今後飛躍的に発展することが予想されます。しかしながら日本に住む外国人の母語は多様であり、ここまで述べた問題点は今後も課題として残ると考えられます。

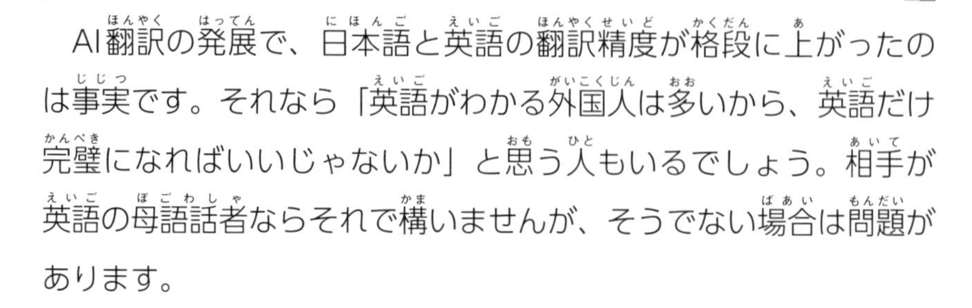

必要なのは、英語ではなく相手の母語での対応

AI翻訳の発展で、日本語と英語の翻訳精度が格段に上がったのは事実です。それなら「英語がわかる外国人は多いから、英語だけ完璧になればいいじゃないか」と思う人もいるでしょう。相手が英語の母語話者ならそれで構いませんが、そうでない場合は問題があります。

1. そもそも相手が英語を望む人ばかりなのか

英語が苦手な日本人が、英語非母語話者の話す英語がどの程度のレベルか、評価するのは難しいでしょう。外国人なら誰でも英語が得意だというわけではありません。翻訳アプリが自分の母語に対応しているのならば、それを使いたいと思うのは当然です。

2. 相手の英語の発音をどれだけ認識するか

相手が英語で対応してくれても、英語非母語話者の話すことをAI翻訳がどれだけ正確に認識するのか、という問題が出てきます。ペラペラしゃべっているようでも、発音が標準的な英米英語と違っていたり、文法などの間違いがあったりすると、正しく認識しません。

このように**AI翻訳を使う場合、お互いの母語で話すべき**です。日本に住んでいる外国人、または観光に来る外国人の大半は英語の母語話者ではないので、**双方が同じアプリを使うなら、英語以外の言語の翻訳精度を上げる必要があります。**

VoiceTra®と「逆翻訳」

AI翻訳の結果が正しいかどうか、その言語に詳しくなければ判断する方法がありません。**翻訳結果をどうチェックするかは、AI翻訳を活用する上での最大の問題です。**

総務省の研究機関である国立研究開発法人情報通信研究機構(NICT)がスマートフォン向けに提供している「VoiceTra®」というアプリは、**入力した文の翻訳結果を、もう一度元の言語に翻訳する「逆翻訳」の機能**を標準で提供しています。入力文と逆翻訳結果が大きく違えば話し方を変えて再度入力することができます。

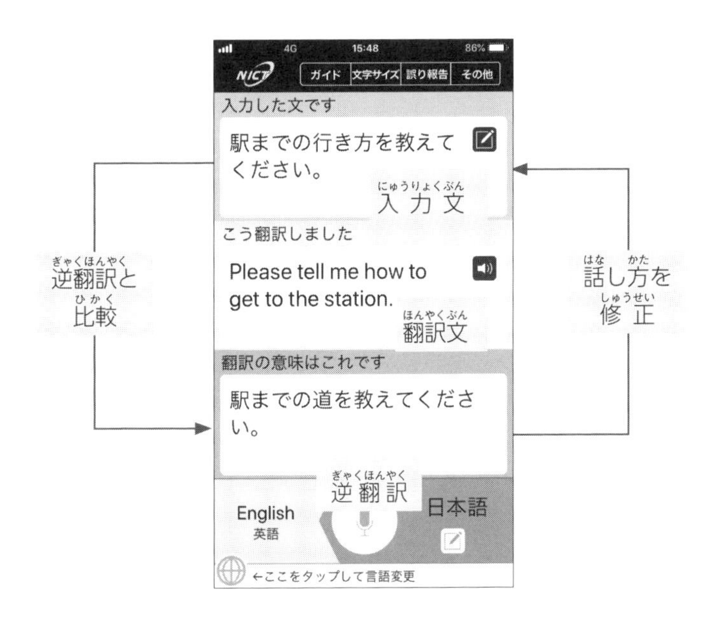

入力文と逆翻訳がだいたい一致していても翻訳が必ず正しいということはありませんが、逆翻訳をひとつの目安とできる点で極めて使いやすいアプリとなっています。

VoiceTra®
https://voicetra.nict.go.jp

一手間かけるだけで、多言語翻訳は十分実用的

「人身事故のために、ダイヤに大幅な乱れが生じております。」

このような情報を多言語で発信するため、AI翻訳で一気に翻訳してみます。2020年当時のGoogle翻訳にこのまま入れると、こんな結果となりました。

BEFORE

人身事故のため、ダイヤに大幅な乱れが生じております。

	翻訳結果(Google翻訳)	逆翻訳結果(Google翻訳)
英語	Due to personal injury, diamonds have been severely disturbed.	人的傷害のために、ダイヤモンドはひどく乱されました。
中国語（簡体）	由于人身伤害，钻石受到严重干扰。	ダイヤモンドは怪我のためにひどく混乱しています。
中国語（繁体）	由於人身傷害，鑽石受到嚴重干擾。	ダイヤモンドは怪我のためにひどく混乱しています。
ポルトガル語	Devido a danos pessoais, os diamantes foram severamente perturbados.	怪我のために、ダイヤモンドはひどく乱されました。
スペイン語	Debido a lesiones personales, los diamantes han sido gravemente alterados.	けがのため、ダイヤモンドは大きく変わっています。
ベトナム語	Do chấn thương cá nhân, kim cương đã bị xáo trộn nghiêm trọng.	怪我のために、ダイヤモンドはひどく乱されました。
ネパール語	व्यक्तिगत चोटको कारण, हीराहरू गम्भीर रूपमा बिग्रेका छन्।	怪我のために、ダイヤモンドはひどく傷つけられました。
インドネシア語	Karena cedera pribadi, berlian telah sangat terganggu.	人的傷害のために、ダイヤモンドはひどく乱されました。

逆翻訳結果を見ると、「ダイヤ」の訳が不自然であり、各言語とも「ダイヤモンドが混乱している」と解釈していると推測できます。

では、ちょっと一手間かけて、**「事故がありました。電車は予定通りに動いていません。」** と、よりやさしい日本語にしてから翻訳するとどうなるでしょうか。2020年当時の結果は以下の通りです。

AFTER

事故がありました。電車は予定通りに動いていません。

	翻訳結果(Google翻訳)	逆翻訳結果(Google翻訳)
英語	There has been an accident. The train is not moving as planned.	事故がありました。電車は予定通りに動いていません。
中国語(簡体)	出了车祸。火车没有按计划移动。	自動車事故がありました。列車は予定通りに動かなかった。
中国語(繁体)	出了車禍。火車沒有按計劃移動。	自動車事故がありました。列車は予定通りに動かなかった。
ポルトガル語	Houve um acidente. O trem não está se movendo como planejado.	事故がありました。電車は予定通りに動いていません。
スペイン語	Hubo un accidente. El tren no se mueve según lo previsto.	事故がありました。電車は予定通りに動かない。
ベトナム語	Có một tai nạn. Tàu không di chuyển theo kế hoạch.	事故がありました。船は予定通りに動かない。
ネパール語	एउटा दुर्‌घटना थियो। ट्‌रेन योजनाको रूपमा सार्‌नु हुँदैन।	事故がありました。電車は計画通りに動いてはいけません。
インドネシア語	Terjadi kecelakaan. Kereta tidak bergerak sesuai rencana.	事故が発生しました。電車は予定通りに動かない。

いくつかの言語ではまだ変な訳も残っていますが、逆翻訳の結果を見ると、かなり元の文に近くなっています。

このように、翻訳をする前にやさしい日本語での書き換えをしておけば、そのあとは2020年当時の自動翻訳技術でもかなりの精度となり、シンプルな文であるため高度な技能をもつ翻訳者でなくてもチェックが可能になります。やさしい日本語を活用したAI翻訳は、多言語対応を大幅に効率化できる手法になり得るだけでなく、翻訳チェックを地元の外国人人材に依頼することで、新たな雇用機会・活躍機会の創出にもつながると考えています。

総務省もやさしい日本語とAI音声翻訳は親和性があると認めています。どのような表現がAI翻訳には効果的か、生成AIの発展とともに今後様々なところで研究が進んでいくでしょう。

AI翻訳は、「は」が命

AI翻訳の活用には、やさしい日本語の考え方の多くが当てはまります。ワセダ式ハサミの法則で一文を短くして話すようにしましょう。

また、AI翻訳を使うときにはあまり気にしなくてもよいこともあります。例えば、AI翻訳は膨大な辞書データがあります。**名詞については、やさしく言い換えなくても、そのまま言えばいい**ことも多いでしょう。同音異義語の場合が問題になりますが、入力文をチェックして、間違っているときには再度入力しなおせば十分です。

一方、AI翻訳特有の誤訳パターンがあります。それは**「〜は」という言い方でよく起きる**ものです。ここから、詳しく説明します。

省略された「〜は」の主題・主語は文ごとに埋める

次の例文は、それぞれ3つの文から構成されています。

A. 彼は山田さんです。横浜から来ました。会社員です。

B. 春が来ました。桜が咲いています。人々が花見をしています。

Aの2番目、3番目の文は誰のことを言っているのでしょうか。もちろん「彼（山田さん）」のことです。このような情報がこれから続いても、すべて「彼は」が省略されていると考えていいでしょう。

このような「～は」の「～」にあたる部分は「**主題**」といわれます。**主題はその後に続く複数の文にもしばらく影響し、よく省略されます。**

Bは、すべて春のことを言っていますが、**文はそれぞれ独立していて、かつ省略されている言葉がありません。**「～が」は述語（説明部分）に対応する「主語（または主格）」を示します。

この三文はすべて春がテーマではありますが、最初の「春が」は、「来ました」という動詞の「主語」であり、**その文だけで役割を終えます。後続の文の文法には影響しません。**

「主題」を表す「～は」は多くの場合「主語」を表すのですが、「～が」と違って**後続の文にも影響を与え、しかもよく省略されてしまいます。**

Aの文章を一文ずつAI翻訳に入力してみると、英語の結果はおそらくこのようになるはずです。

彼は山田さんです。 → He（彼）is Mr. Yamada.
横浜から来ました。 → **I（私）** came from Yokohama.
会社員です。 → **I（私）** am an office worker.

2番目以降の文は、いつのまにか「I（私）」の話になっています。これは一般的にAI翻訳が一文ずつ翻訳し、前後の文脈を考慮しないため、主語がない文には「私」や「あなた」のような言葉を（勝手に）補うからです。

このため、**AI翻訳を使うときには、省略された「〜は」の主題・主語は毎回入れる必要があります。**

A'．**彼は**山田さんです。**彼は**横浜から来ました。**彼は**会社員です。

外国人と話すときには、前後の文脈を理解している場合も多いので、このように「〜は」の主題を繰り返す必要はあまりありません。しかしAI翻訳を使うときには、毎回元の言葉で埋めなければいけません。これが一般的なやさしい日本語とAI翻訳向けのやさしい日本語の違いです。

「A は、B が〜」の形は避ける

「彼は若い」という文の述語は「若い」であり、それに対応する主語は「彼」です。しかし「彼は」と書くことで、「彼は若い。でも経験が豊富だ。」のように、「彼」を主題とした話を続けることができます。「彼」は、主語かつ主題だといえます。

では、次の文の主語は何でしょう。

C. ゾウは、鼻が長い。

「長い」のは「ゾウ」ではなく「鼻」です。「長い」の主語は「鼻」であり、「ゾウ」は文全体の主題です。**この文では、主語と主題が別々なのです。**

この**「Aは、Bが～」の文は、英語の構造と大きく違います。**「ゾウは、鼻が長い」を、できるだけ英語に直訳すると

Regarding elephants, the nose is long.
ゾウに関していうと、その鼻は長い

となり、英語としては非常に不自然な表現となります。

「Aは、Bが～」の形の文をAI翻訳にかけると、Aがただの主題なのか主語も兼ねているのか判断できず、誤訳することがよくあります。このため、**「Aは、Bが～」の形はできるだけ避け、主語の部分を一つにまとめる**ようにしてみてください。

ゾウは、鼻が長い。→ ゾウの鼻は、長い。
The elephant's nose is long.

彼は、娘が大学に合格した。→ 彼の娘は、大学に合格した。
His daughter passed the college entrance exam.

彼は、アメリカが故郷だ。→ 彼の故郷は、アメリカだ。

His hometown is America.

「(話し相手)さんは～」の大問題

今度は、マイケルさんへの次のような依頼をAI翻訳してみましょう。

「マイケルさん、マリアさんに週末のパーティーに来るかどうか、聞いておいてください。」

この文だけを見ると

「マリアさんがパーティに来るかどうか、マイケルさんに確認してもらう」と、

「マイケルさんとマリアさんがパーティーに来るかどうか、誰か別の人に確認してもらう」の、どちらにもとれます。

Google翻訳での英訳は、後者のほうで訳しました。

Ask Michael and Maria if they're coming to a weekend party.

(マイケルとマリアに週末のパーティーに行くかどうか尋ねてください。) ※実際は the weekend party のほうが自然です。

日本語では相手を名前(+さん)で呼びかけると、ちょうどいいていねいさの会話となります。しかしAI翻訳の場合、相手を名前

で呼ぶとこのような間違いをします。この場合マイケルさんには呼びかけず

「今度の週末にパーティーがあります。マリアさんは来ますか？マリアさんに聞いてください。」

と言ってみましょう。

翻訳結果は“ There will be a party this weekend. Is Maria coming? Ask Maria!”逆翻訳結果は「週末にはパーティーがあります。 マリアは来ますか？ マリアに聞いて！」と、高精度の翻訳となりました。

日本語の「～さん」の部分は翻訳に反映されませんので、逆翻訳では呼び捨てになります。しかしもともとその言語で「～さん」のような気軽な表現がないため、気にする必要はありません（なお韓国語では「～さん」に相当する「～씨（シ）」と言う言葉で訳してくれます）。

同様に、**相手が主題や主語になるような質問を直接聞く場合**は、「(相手の名前）は～」ではなく**「あなたは～」と言うほうがAI翻訳は状況を正しく判断します**。これは、相手と直接話すときとの大きな違いです。

例えば、ロシア人のエレナさんに、次の質問をしてみます。

「エレナさんはモスクワ出身ですか？」

エレナさんが日本語を少し理解するならこれで十分です。しかしこれをGoogle翻訳すると、“**Is Elena from Moscow?**” となり、誰か別のエレナさんの話になっています。

日本語では「あなた」はあまり使わないのですが、AI翻訳を使って相手のことを聞く場合は、名前で呼ばず、

「あなたはモスクワ出身ですか？」

と言うほうがいいです。結果は “**Are you from Moscow?**” になります。

深刻なAI翻訳「ジェンダー問題」

次の文をAI翻訳したときはどのような翻訳結果になるでしょう。

「山田さんに週末のパーティーに来るかどうか、聞いておいてください。」

Googleの英語翻訳と逆翻訳の結果はこうなりました。

英語翻訳

Ask **Mr. Yamada** if he will come to a weekend party.

逆翻訳

山田さんに週末のパーティーに来るかどうか尋ねてください。

※実際は the weekend party のほうが自然です。

逆翻訳を見ると例文と内容が完璧に一致していますが、翻訳をよく見ると**「Mr. Yamada」と男性に決めつけた文となっています。**

そもそも日本語と英語など多くのヨーロッパ言語の間には、ジェンダーと敬称に関して互いに対立する構造があります。

	日本語	英語
性別情報	基本的に不要	代名詞や動詞の活用に必要な場合がある
呼び捨て	避ける	あまり問題ない

このため、**日本人の人名をAI翻訳に入力するとき、**

・「さん」づけにすると、勝手に性別を割り当てられる。

・呼び捨てでの入力は英訳には問題ないが、聞こえる印象が悪い。

という根本的な問題が発生し、話が混乱する大きな原因となります。なんとか解決する方法はないでしょうか。

英会話などでは、日本語の「〜さん」をそのまま「-san」で訳し、Mr.もMs.もつけない言い方をよくします。英語のMr. や Ms. が常識であるように日本語では「-san」がつくこともよく知られた表現です。日本人が英語でもMr. や Ms. ではなく「-san」を使って話すことは、外国人に広く受け入れられています。しかし**AI翻訳でこのような翻訳方針を持っているアプリは現在ありません。国産の翻訳エンジンであるVoiceTra®で、ぜひこの「さんはそのままsanで訳す」機能を実装してほしい**と思っています。画期的に使いやすくなるはずです。

その日がくるまでは、どうしたらいいでしょうか。Google翻訳でいろいろ実験してみましたが、カタカナでの名字では「〜さん」の部分は無視されるようです。ベトナム人の「グエンさんに」で言うと“Ask Nguyen 〜”となりました。

日本人の名前については、「花子さんに」「山田花子さんに」のように**下の名前かフルネームで言えば翻訳結果にMr.やMs.などはつかない傾向があります。困ったときは、名前は下の名前かフルネームで言いましょう。**

AI翻訳は、やさしい日本語の練習アプリにもなる

やさしい日本語セミナーなどを受講し、継続的にやさしい日本語を学びたい、という人も増えてきました。しかし、やさしい日本語を実際に練習しようと思っても、

・そもそも外国人の友人が少ない
・相手の日本語がうまいとあまり練習にならない
・相手の日本語があまりうまくなければ、いい練習になるが、わかったか、どう難しかったかを本人に確認するのは難しい

ということが壁となり、なかなか上達しません。

そういうときに使えるのが、逆翻訳機能がついている音声翻訳アプリです。前述のVoiceTra®の逆翻訳機能を使えば、**逆翻訳の結果を見ることで、入力したことがどれだけ難しかったりあいまいだったりしているのか、自分でチェックすることができます。**

ワセダ式ハサミの法則での単文の言い方で音声翻訳アプリに吹き込み、前述のAI翻訳特有のコツなども入れ込みながら、結果を検証してまた言い直す。**これを繰り返すことで、自分なりのコツがわかってくるはず**です。

もちろん、AI翻訳向けの話し方すべてが、日本語を話す外国人にわかりやすいとは限りません。しかし共通することは多く、スキマ時間で練習できる点でぜひ活用してほしいと思います。

AI翻訳は、自転車と同じ

ここまでの話で、AI翻訳は決して完璧なものではなく、使う側が工夫して練習しなければいけないものだとわかったと思います。

例えるなら、**AI翻訳は「自転車」と同じ**と言えるでしょう。

自転車というのは、その仕組み上安定性がありません。何度も転びながら練習して、徐々に乗りこなせるようになり、最後には乗れなかったときのことを思い出せないぐらい、体の一部となります。子供はケガをしても練習を続け、乗れるようになったら親が心配するほどの行動範囲を獲得します。

同様に、**AI翻訳も万能だと思わず、こちらが工夫し、間違いから学びながら練習していけば、いつのまにかAI翻訳が理解しやすい話し方がわかっていきます。**やさしい日本語でAI翻訳を活用すれば、英語だけでなく様々な言語の人たちとコミュニケーションをとれるようになります。みなさんの行動範囲が世界に広がるのです。

第7章

練習してみよう

第4章、第5章では、やさしい日本語で話すときのコツを解説しました。また第6章では、AI翻訳で精度を高めるための入力方法を紹介しました。この章では、実際に外国人とコミュニケーションをとるときにやさしい日本語が話せるよう、練習問題に取り組んでみましょう。

やさしい日本語、コツのまとめ

ここまでのコツをまとめます。

①ワセダ式ハサミの法則

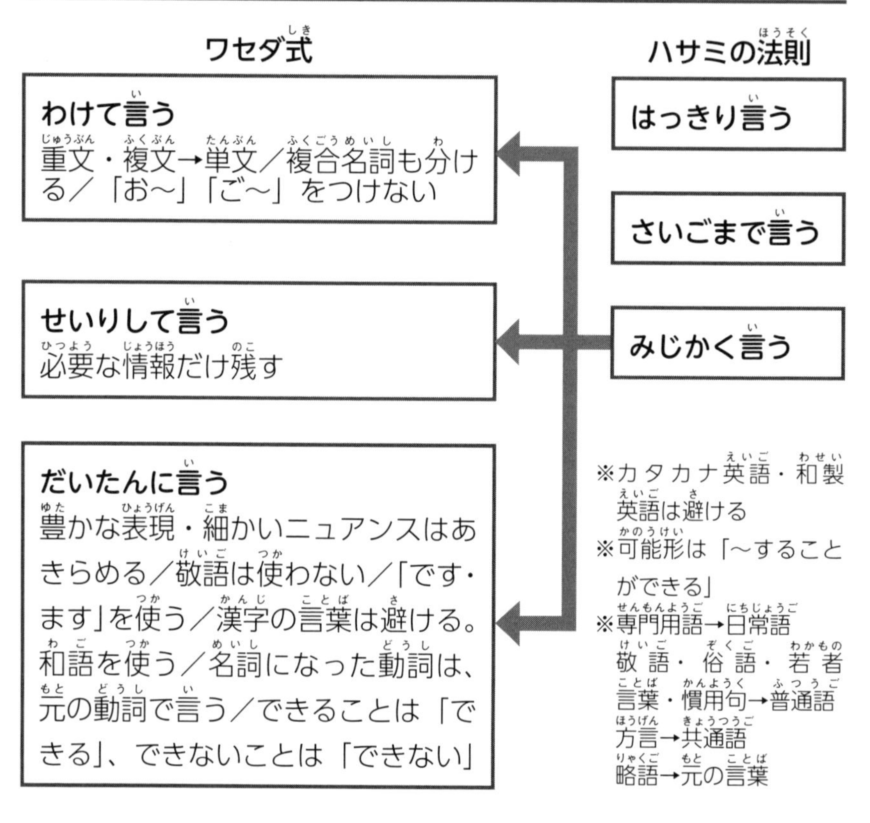

ワセダ式
ハサミの法則
わけて言う
重文・複文→単文／複合名詞も分ける／「お～」「ご～」をつけない
せいりして言う
必要な情報だけ残す
だいたんに言う
豊かな表現・細かいニュアンスはあきらめる／敬語は使わない／「です・ます」を使う／漢字の言葉は避ける。和語を使う／名詞になった動詞は、元の動詞で言う／できることは「できる」、できないことは「できない」
はっきり言う
さいごまで言う
みじかく言う
※カタカナ英語・和製英語は避ける
※可能形は「～することができる」
※専門用語→日常語
敬語・俗語・若者言葉・慣用句→普通語
方言→共通語
略語→元の言葉

② AI 翻訳は「は」が命

- 省略された「～は」は、埋める
- 「Aは、Bが～」を避ける

それでは練習してみましょう。

練習1　構造をかんたんにする練習①

まず、文の構造をかんたんにしてみます。単語の言い換えにはあまりこだわらなくてもいいです。

1）今の部屋は家賃が高いし、駅から遠いから引っ越します。

2）自宅で仕事をすることにしましたが、子供がうるさいので、なかなか集中できません。

3）毎日勉強したら、日本語が上手になりますよ。

4）タクシーで行ったら道が混んでいて、早く着くどころかかえって30分も遅刻してしまいました。

これは**「重文」を「単文」にする練習**でした。

1）今の部屋は家賃が高いし、駅から遠いから引っ越します。

→今の部屋は家賃が高いです。駅から遠いです。だから引っ越します。

2）自宅で仕事をすることにしましたが、子供がうるさいので、なかなか集中できません。

→自分の家で仕事をすることにしました。でも、子供がうるさいです。仕事がよくできません。

3）毎日勉強したら、日本語が上手になりますよ。

→毎日日本語を勉強してください。上手になりますよ。

4）タクシーで行ったら道が混んでいて、早く着くどころかかえって30分も遅刻してしまいました。

→タクシーで行きました。道が混んでいました。30分も遅く着きました。

練習2 構造をかんたんにする練習②

1）きれいな花を持った女性がいます。

2）田中さんは日本語を教える仕事をしています。

3）佐藤さんが使ったあとの会議室はいつも汚いです。

4）ご注文が決まったお客様からご案内いたします。

5）ニンジンが嫌いな山田さんもこのニンジンケーキは食べます。

言い換え例

これらは**「複文」**です。単文に言い換えましょう。

1）きれいな花を持った女性がいます。

→女性がいます。女性はきれいな花を持っています。

2）田中さんは日本語を教える仕事をしています。

→田中さんの仕事は、日本語を教えることです。

3）佐藤さんが使ったあとの会議室はいつも汚いです。

→佐藤さんは会議室を使います。そのあとは会議室がいつも汚いです。

4）ご注文が決まったお客様からご案内いたします。

→先に注文を決めてください。そのあと、少し待ってください。店の人が順番に案内します。

5）ニンジンが嫌いな山田さんもこのニンジンケーキは食べます。

→山田さんはニンジンが嫌いです。でも山田さんは、このニンジンケーキは食べることができます。

ポイントの復習　74ページ

練習3 分けて言う練習

1）隣の家は夫婦喧嘩が絶えない。

2）うちの息子は勉強嫌いで困ります。

3）現金前払いでお願いします。

4）この病室は、四人部屋です。

5）面接のとき、腕組みはやめましょう。

言い換え例

これらは２つの単語がつながると２つ目の頭が濁音になる**「連濁」がポイント**です。２つの単語に分けたり言い換えたりしてみましょう。

1）隣の家は夫婦喧嘩が絶えない。

→隣の家の夫婦は、よくけんかをします。

2）うちの息子は勉強嫌いで困ります。

→私の息子は勉強が嫌いです。私はとても困っています。

3）現金前払いでお願いします。

→はじめに現金で払ってください。

4）この病室は、四人部屋です。

→この病室は、四人で使います。

5）面接のとき、腕組みはやめましょう。

→面接のとき、腕を組まないでください。

練習4 否定の表現をわかりやすくする練習

1）このお土産は、東京でしか売っていない。

2）部長に飲み会に誘われたので、行かないわけにはいかない。

3）刺身は食べられなくはないです。

4）上野まで歩いて行けなくもないです。

5）働きたくて働いているわけではない。

言い換え例

二重否定は特に難しいです。必要に応じて補足しましょう。

1）このお土産は、東京でしか売っていない。

→このお土産は東京だけ売っています。ほかでは買うことができません。

2）部長に飲み会に誘われたので、行かないわけにはいかない。

→部長が私を飲み会に誘いました。行かないと、部長が怒るかもしれません。だから行きます。

3）刺身は食べられなくはないです。

→私は刺身を食べることができます。でもあまり好きではありません。

4）上野まで歩いて行けなくもないです。

→上野まで歩いて行くことができます。でも時間がかかります。

5）働きたくて働いているわけではない。

→今、働いています。でも本当は働きたくないです（大学に行きたいです、など）。

練習5 大胆に言う練習

1）この問題は、私たちの手には負えない。

2）故障の原因を突き止めました。

3）この方法が、手っ取り早いです。

4）日本語お上手なんですね、日本は長いんですか。

5）半額セールが始まると、お弁当は飛ぶように売れた。

言い換え例

豊かな表現は、大胆に、かんたんにしましょう。

1）この問題は、私たちの手には負えない。

→この問題は、私たちにはできません。

2）故障の原因を突き止めました。

→どこが悪いか、わかりました。

3）この方法が、手っ取り早いです。

→この方法がかんたんです。そして早いです。

4）日本語お上手なんですね、日本は長いんですか。

→あなたの日本語はとても上手です。何年日本にいますか？

5）半額セールが始まると、お弁当は飛ぶように売れた。

→弁当の値段が半分になりました。お客さんがみんなお弁当を買いました。すぐなくなりました。

練習6　AI翻訳のためのやさしい日本語①

1）私の弟は今年大学に入りました。法律を専攻しています。

2）妹さんは福岡にいるんですか。誰と一緒に住んでいますか？

3）先生はアニメが好きです。授業でいつもアニメの話をします。

4）両親は福岡に住んでいます。今は働いていません。

5）犬を飼っています。名前はポチです。いつも散歩に行きたがります。

言い換え例

ポイントは**省略された主題・主語を入れる**ことです。

1）私の弟は今年大学に入りました。法律を専攻しています。

→私の弟は今年大学に入りました。彼は法律を勉強しています。

2）妹さんは福岡にいるんですか。誰と一緒に住んでいますか？

→あなたの妹は福岡にいるんですか。彼女は誰と一緒に住んでいますか？

3）先生はアニメが好きです。授業でいつもアニメの話をします。

→私の先生はアニメが好きです。彼（彼女）はいつも授業でアニメの話をします。

4）両親は福岡に住んでいます。今は働いていません。

→私のお父さんとお母さんは福岡に住んでいます。彼らは働いていません。

5）犬を飼っています。名前はポチです。いつも散歩に行きたがります。

→私は犬を飼っています。彼の名前はポチです。ポチはいつも散歩に行きたがります。

ポイントの復習　102 ページ

練習7　AI翻訳のためのやさしい日本語②

1）あの中華料理屋はチャーハンがおいしい。

2）電化製品は日本製がいい。

3）この写真は野口さんが撮った。

4）中国は人口が世界で一番多い。

5）サッカーはブラジルが一番強い。

言い換え例

「Aは、Bが～」の形は避けたほうがいいです。

1）あの中華料理屋はチャーハンがおいしい。

→あの中華料理屋のチャーハンはおいしいです。

2）電化製品は日本製がいい。

→日本製の電化製品がいいです。

3）この写真は野口さんが撮った。

→この写真を撮ったのは野口さんです。

4）中国は人口が世界で一番多い。

→中国の人口が世界で一番多いです。

5）サッカーはブラジルが一番強い。

→ブラジルのサッカーが一番強いです。

ポイントの復習　104ページ

実践問題1　留学生からの相談

知り合いのベトナム人留学生のフーンさんが、書類をもってあなたに質問してきました。

「すみません、ちょっと教えてください。私は履歴書を送ります。これは何ですか？」

そこには、**「当日消印有効」**と書いてありました。

フーンさんがわかるような対話例を考えて、助けてあげてください。

実践例

一番大事なことは、フーンさんを「助けてあげる」ことです。

「当日消印有効」は、「締め切り当日の消印が郵送物の切手に押してあれば、その郵送物による申し込みは有効である」という、ある種の専門用語です。やさしい日本語にするなら、以下のような言い方があるでしょう。

BEFORE

手紙をポストに入れます。その手紙は、その日か、その次の日に大きな郵便局に行きます。その郵便局は、受け付けた日のハンコを、切手に押します。これが『消印』です。消印の日が、締め切りの日と同じだったら大丈夫です。これが『当日消印有効』です。

しかし、フーンさんは新しい単語の勉強をしているわけではありません。履歴書を送るという目的を達成することが一番大事です。「当日消印有効」はだいたい「締め切り」と同じですが、ポストからぎりぎりの日に出すと翌日扱いになってしまうことに気をつけるのがポイントです。

例えば次のような対話はどうでしょうか。

AFTER

あなた：ああ、履歴書ですね。仕事の面接ですか？
フーン：はい、そうです。
あなた：**「当日消印有効」は、「締め切り」に似ています。**「締め切り」という言葉は知っていますか？
フーン：はい、知っています。
あなた：そうですか。締め切りはいつですか。
フーン：よくわかりません。
あなた：ちょっと、その紙を見ていいですか？
フーン：どうぞ。
あなた：ああ、締め切りは6月12日の金曜日ですね。ではフーンさん、**6月12日までに履歴書を駅前の郵便局から出してください。**
フーン：昼は学校です。夜でもいいですか。
あなた：駅前の郵便局は、夜はだめです。
フーン：ポストでもいいですか。
あなた：ポストでもいいですよ。切手は買いましたか。
フーン：いいえ。どこで買いますか。
あなた：コンビニで売っています。94円の切手を買ってください。**ポストに入れるなら、11日までに出してください。12日はだめです。**
フーン：なぜ12日はだめですか。締め切りは12日です。
あなた：**12日に出すときは、ポストはだめです。12日の夜に出すときは、フーンさんは大きな郵便局に行ってください。**でも、その郵便局はちょっと遠いです。だから早く履歴書を書いてくださいね。

このように、一気に説明するより、具体的な締め切りなど相手から情報を引き出しながら、いつならいいか、いつならだめかなど、**対話の中で説明したりアドバイスしたりするほうがいい**でしょう。

実践問題2　ホームステイでの会話

子供が巣立ち、夫婦での生活になってから、あなたは短期留学生のホストファミリーをしています。今はエジプト人留学生のフルードさんと暮らしています。彼女はまだ日本語の初心者です。あなたのことを「おかあさん」と呼んでいます。

あなたは家族の写真をフルードさんに見せました。すると彼女は写真の中の娘さんを指さして、こう言いました。

「この女は、おかあさんのこどもですか？」

フルードさんがわかるように、言い方を直してあげてください。

実践例

理屈ではなく、「この間違いは絶対だめ」という気持ちを伝える必要があります。

普通に説明するとこのような感じでしょうか。

BEFORE

「女」という言葉を単独で使うと、非常に失礼な印象になります。「女性」または「女の人」と言うようにしましょう。

この文をやさしい日本語に言い換えてみましょう。以下の点に注目します。

「単独で使う」「印象になる」：抽象的で、初心者には難しいです。**わかりやすく言い換えるか、例示しましょう。**

「言うようにしましょう」：これは事実上の命令ですが、勧めるような形で、やわらかい印象にしています。「～（し）ましょう」は、「一緒に～する」というときによく使うので、自分ごとにとらないおそれもあります。この文のような間違いは絶対にしてはいけないので、**はっきり「～してください」と言う必要があります。**

そして、一気に説明しても理解できず、身につきません。これも**対話の中で理解を深めるようにしてみましょう。**

このような対話例はどうでしょうか。

AFTER

フルード：この女は、おかあさんのこどもですか？

あなた　：はい、そうですよ。

フルード：きれいです。

あなた　：ありがとう。フルードさん、1つ日本語を教えますね。

フルード：はい。

あなた　：「女」や「男」を使うときは、注意してください。
「この女は」は、だめです。とても失礼です。
「この女の人は」は、いいです。
「この女の子は」も、いいです。
でも「この女は」は、絶対だめです。

フルード：わかりました。でも、なぜですか。

あなた　：ちょっと難しいですね。今はわからなくてもいいです。「この女は」は絶対だめです。覚えてください。

フルード：わかりました。

あなた　：じゃあ、ちょっと練習しましょう。「あの女は」は、いいですか？　だめですか？

フルード：だめです。

あなた　：そうです。絶対だめです！　じゃあ、何がいいですか？

フルード：女の人。

あなた　：その通りです！　最後に、「この男は」は、いいですか？　だめですか？

フルード：だめです。「この男の人は」

あなた　：すごい！　よくできました！

実践問題3　寿司屋の接客でAI翻訳

あなたは寿司屋のおかみです。外国人のお客さんが「Tuna, please.（マグロをください）」と英語で注文しました。マグロは店の看板メニューです。うれしくなって、あなたはスマホのGoogle翻訳アプリを使って、次のように言いました。

日本語	⇄	英語

日本語

お客さんさっそくいいネタに目をつけましたね。はいマグロはうちの目玉です。市場でいいマグロを見ると血が騒ぐんですよね。下ごしらえするのも骨が折れるんですがネタがいいと握るほうも腕が鳴るんですよ。腕によりをかけて握りますので召し上がったらきっとほっぺたが落ちますよ。

しかしお客さんは英語の翻訳を聞いて大笑いしています。どの部分の表現に問題があるか想像し、どう言い換えればいいか考えてください。

実践例

慣用句、特に体の部分を使った表現には、要注意です。

「慣用句」とは、２つ以上の言葉が固く結びついて、まったく違う意味をもつようになった言葉です。例えば「寿司を握る姿が、板についてきた」「借りた本は必ず返すよう、釘を刺しておいた」のようなものです。

特に、「舌を巻く」「長い目でみる」「鼻につく」「胸が騒ぐ」など、**体の部分を使った慣用句**がたくさんあります。今回の例題でもこのような表現が多数出てきます。

慣用句だけを文字通りに読むとまったく別の意味となり、文として通じません。このため、日本語初心者だけでなく、**AI翻訳も慣用句を苦手**としています。

英語

You immediately noticed the good news. Yes, tuna is our centerpiece. When you see a good tuna in the market, you get blood. It takes a lot of effort to prepare, but the better the story, the better the arm will sound. The cheeks will fall when you eat it, as it leans more on your arm and holds it.

例題の日本文をGoogleで翻訳した結果はこのようになりました（2020年４月現在）。どこが変なのか、調べてみましょう。

日本語の慣用句	Google翻訳の英訳結果	英訳結果の日本語直訳	評価
いいネタ	the good news	よいニュース	別の意味
目玉	centerpiece	生花などテーブルの真ん中の装飾品	問題なし
骨が折れる	take a lot of effort	大きな努力が必要	
血が騒ぐ	get blood	血が付く	英語としては通じない
腕が鳴る	the arms sound	腕が鳴る	
ほっぺたが落ちる	the cheeks will fall	ほっぺたが落ちる	

このようにAI翻訳で慣用句を使うと、たいてい外国人が大笑いしても仕方がない結果になりがちです。**慣用句はAI翻訳の敵**なのです。

慣用句の間違いのチェックは、**「逆翻訳」を活用します。** VoiceTra® では標準で同じ画面に逆翻訳結果を表示します。

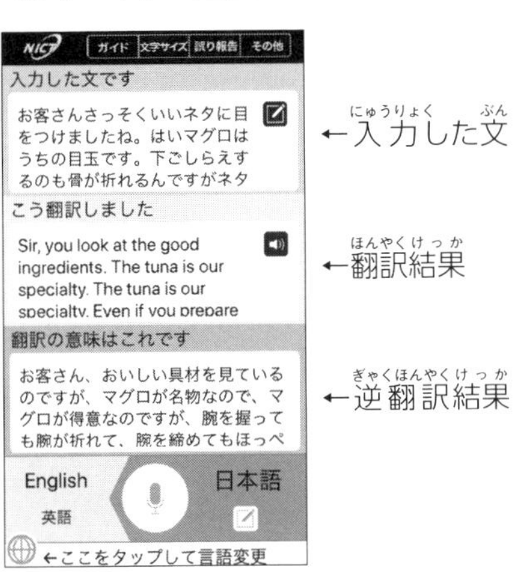

Google翻訳も矢印記号をタップすると英訳結果をそのまま日本語翻訳に流し込みます。ただし入力した元の日本語に戻すことはできません。

これを押すと逆翻訳する

この逆翻訳の結果を見てチェックをすれば、言い方を変えなければいけないところに気がつきます。

それでは慣用句を減らし、**「ワセダ式ハサミの法則」や「AI翻訳は『は』が命」を使って、表現を改めていきます。**

もう一度元の文を確認してみましょう。

BEFORE

お客さんさっそくいいネタに目をつけましたね。はいマグロはうちの目玉です。市場でいいマグロを見ると血が騒ぐんですよね。下ごしらえするのも骨が折れるんですがネタがいいと握るほうも腕が鳴るんですよ。腕によりをかけて握りますので召し上がったらきっとほっぺたが落ちますよ。

これを全部分けて、AI翻訳向けに言い換えてみました。

あなたは、いいところに気がつきました。
私の店のマグロはとてもおいしいです。一番人気があります。
私が市場でいいマグロを見つけると、私はとても興奮します。
マグロの寿司を準備するのは、とても大変です。
でも店員がマグロの寿司を握るとき、とてもやる気が出ます。
店員はがんばっておいしい寿司を握ります。
お客さんはきっと感動しますよ。

でも整理してこれくらいで十分ですね。

AFTER

私の店のマグロはとてもおいしいです。それは一番人気があります。あなたはきっと感動しますよ。

Google翻訳も上出来。ワセダ式ハサミの法則は有効でした。

The tuna in my store is very delicious. It is the most popular. You will be impressed.

もっと勉強したい・練習したい方へ

　もっと言い換えの練習をしたい、情報の書き換えなどにもチャレンジしたいという方は、ぜひ以下の資料にアクセスしてみてください。

●在留支援のためのやさしい日本語ガイドライン（入管庁）
https://www.moj.go.jp/isa/support/portal/plainjapanese_guideline.html

　役所などにおけるやさしい日本語のガイドラインとして、2020年度に書き言葉、2022年度に話し言葉のポイントが識者会議によってまとめられました。映像なども使って学べます。

第8章

外国語学習への応用

ここまで「みじかく言う」ことを徹底的に意識してやさしい日本語の練習をしてきました。このような言い方であれば英語が苦手な日本人でも、AI翻訳の助けも借りながら外国人と話すことができます。でも、ここまで読んだ方の中には、「やさしい日本語にした文なら、そのまま英語で言えそうだ」と気がついた人もいるのではないでしょうか。その通りです。やさしい日本語で短く言う習慣ができたら、英会話・英作文の道まで、もう少しなのです。

英会話ができないのは、構造と接続詞が問題

関係代名詞を使って、「あれは、鼻が赤いサルです」を英訳しなさい。

これは中3英語で出てくる問題です。作文できますか。

この問題は、「所有格の関係代名詞」という文法を使えるかどうかを見ています。期待されている答えは次のようなものです。

That is a monkey **whose** nose is red.
That is a monkey the nose **of which** is red.

これを見て、どう思いましたか？　こんな文法知らないよ、忘れたよという人が多いのではないでしょうか。そもそも「あれは、鼻が赤いサルです。」という文自体が、日本語としてあまり自然ではありません。関係代名詞を使わせるための典型的な複文例です。

同様に、並列につながっている重文も、文法通りに翻訳するのはとても難しいものです。次の問題を見てください。

「彼は熱があったにもかかわらず、仕事に行きました」を英訳しなさい。

「～にもかかわらず」ってなんだっけ、という人も多いと思います。

この文をこの構造のまま英語にすると例えばこのようになります。

Even though he had a fever, he went to work.

このような even though がすっと出てくる人は、もはや英語の初心者ではないでしょう。

英語で会話できない理由のひとつは、複雑な日本語の構造のまま英語に置き換えて翻訳しようとすることです。特に複文の構造を作るための関係代名詞や､「〜ので」「〜の場合」など実はたいした意味のない接続関係で立ち止まってしまい、先に進めないことが多いのです。

言いたいことを「整える」ことが先決

誰かが書いたり話したりした英語を理解するには、英文法の勉強も必要です。しかし、**相手に自分が言いたいことを伝えるだけなら、もっとシンプルな表現方法があるはず**です。

ここで役に立つのが、**やさしい日本語の考え方**です。先ほどのサルの問題文を単文にしてみると、このようになります。

「あれは、鼻が赤いサルです。」
→・あれは、サルです。その鼻は赤いです。
・あのサルの鼻は、赤いです。

それぞれの文は、中学1年生の英文法と語彙で作文できます。

・あれは、サルです。その鼻は赤いです。
→That is a monkey. The nose is red.
・あのサルの鼻は、赤いです。
→That monkey's nose is red.

これなら自分でも言えるという人は多いのではないでしょうか。
熱の問題文も、単文に分けてみましょう。

「彼は熱があったにもかかわらず、仕事に行きました。」
→彼は熱がありました。でも、仕事に行きました。

これを英語で伝えたいのなら、それぞれを単純に並べて、

He had a fever. But he went to work.

と言えば十分です。

第５章に出てきた、

> 大阪に住んでいる友人と２年前に渋谷でお好み焼きを食べたのですが、友人は「こんなん自分で作ったほうがおいしいわ」と言って、去年私が大阪に行ったときに、お好み焼きのホームパーティーをしてくれました。

という例文も、ワセダ式ハサミの法則でやさしい日本語に整えたら、英語で言える人も多いのではないでしょうか。

・私の友人は、大阪に住んでいます。
　→My friend lives in Osaka.
・私と友人は、２年前に渋谷に行きました。
　→My friend and I went to Shibuya two years ago.
・私と友人は、お好み焼きを食べました。
　→My friend and I ate Okonomiyaki.
・でも友人は、「これはおいしくないです。私が作ったほうがおいしいです。」と言いました。
　→But my friend said, “This is not tasty. I can make it better.”

・去年、私は大阪に行きました。

→I went to Osaka last year.

・友人は、私のためにお好み焼きのホームパーティーをしてくれました。

→ My friend had an Okonomiyaki home party for me.

このように、英語で「伝える」ことを優先する英会話なら、最初にやるべきなのは言いたいことをやさしい日本語に「整える」ことなのです。

そして、「これはペンです」を“This is a pen.”と直感で訳せるように、にぎり寿司のように一貫ずつそろったやさしい日本語なら、スムースでリズミカルな英語にしやすくなるでしょう。

中3の英語はできるけど、中1の英語はできない、という人はいません。しかし中3の英語で出てくるような日本語の例文を、やさしい日本語に分けるのは難しいと感じる人が多いでしょう。それは、だらだらと話したり書いたりする日本人が多く、日常で短い文に接する機会が少ないからかもしれません。

「HONJA」いろんな外国語の文字だけでも覚えてみよう

ローマ字を使った言語であれば勉強もしやすいですが、世界には日本語と同じく、独特の文字を使う言語がたくさんあります。そのような言語は最初のハードルが高く勉強しにくいものです。

そんなときは**文字だけでも覚えてみましょう。**少しでも文字が書けたり名前が読めたりすると、相手は本当に驚き喜びます。

アラビア語は様々な国で非常に多くの人たちが話している言語です。アラビア文字はとても美しく、漢字と同じようにカリグラフィー（書道）があります。アラビア文字は単語の先頭・途中・最後で形が変わりますが、実は基本的に28文字しかありません。アラビア文字それぞれの名前を全部覚えて書くのはそんなに難しいことではありません。

韓国語の文字であるハングルは、子音と母音の組み合わせで文字を作ります。非常にかんたんで読みやすいです。ハングルの基本的な母音で日本語に似ているのはㅏ（あ）、ㅣ（い）、ㅜ（う）、ㅐ（え）ㅗ（お）、ㅑ（や）、ㅠ（ゆ）、ㅛ（よ）です。この左や上に子音をつけます。日本の地名や人名を書いてみると、

카나다（カナダ）、카마타（かまた）、요시카이（よしかい）

などとなります。自分の名前をハングルで書いたり、相手の名前を聞いてそれをハングルで書いたりするだけならとてもかんたんです。そして、韓国人と本当に近い距離で親しくなれます。

このように様々な言語の文字に注目した「言葉のかたち」シリーズが白水社から出ています。キリル文字（ロシア語など）・タイ文字・ハングル・アラビア文字などが学べます。すべて日本語の50音の表し方から入り、自分の名前が書けるようになっています。

私はこのシリーズの大ファンで全巻揃えて学びました。そして、このシリーズのロジックを使い、ひらがなの言葉をいろんな言語の近い音の文字に「翻字（翻訳ではない）」するウェブサービス「HONJA」を、プログラマーである私の息子（吉開拓人）と作りました。ひらがなで入力すると、タイ文字などでその日本語に近い発音の文字列を作ります。画面図はすべて「ひまわり」に似た音の文字列になります。ぜひ試してください。

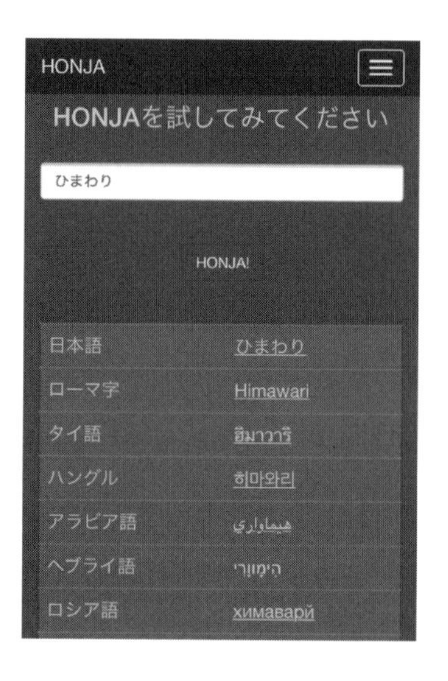

多言語ひらがな翻字サービスHONJA
https://yoshikai.net/HONJA

中1レベルの内容で、できるだけ多くの言語で学ぼう

やさしい日本語の考え方で、単文に整えることができれば、それを使って**英語だけでなくほかの言語も学びやすくなります。**

例えば英語で「私はあなたの国が好きです」は、“I like your country.”ですが、Google翻訳を使いラテン語系言語であるフランス語・スペイン語・ポルトガル語・イタリア語に訳すと

フランス語	J'aime ton pays.
スペイン語	Me gusta tu país.
ポルトガル語	Eu gosto do seu país.
イタリア語	Mi piace il tuo paese.

となります。少し変えて「私はあなたの国を訪れたいです」は、英語なら“I want to visit your country.”ですが、各言語ではこうなります。

フランス語	Je veux visiter ton pays.
スペイン語	Quiero visitar tu país.
ポルトガル語	Eu quero visitar seu país.
イタリア語	Voglio visitare il tuo paese.

英語を参考にしながら、この４言語２組８文を比べるだけでも、様々な共通点や、文法らしきものが浮かび上がってきます。誰でも

「あなたの国」の部分はわかるでしょう。またスペイン語とポルトガル語は特に似ていることにも気がつくのではないでしょうか。

やさしい日本語の啓発活動をする中で、私が提唱したいことがあります。それは中学で習う英語のレベルを想定し、

- **中1レベルで、できるだけ多くの言語で学んでみよう。**
- **中3レベルまでいかなくていい。言語の数を優先しよう。**

ということです。

中3レベルまでやってみるのもいいですが、やはりそれなりに難しいものです。中3レベルまでやるなら、まずは英語で会話や作文ができることを目指すほうがいいでしょう。

中1レベルといっても、ただ知っている単語を適当に並べるのでは不十分です。あいさつに加え、ごく基本的な文法と語彙、特に「する・行く・来る・食べる・飲む・できる・好きだ・うれしい」のような述語を覚えて、その組み合わせで自分や相手のことを少し描写してみましょう。それだけで相手はとても驚き、喜ぶこと請け合いです。

いろんな言語を学び、相手の母語で話しかけてみることは、仲良くなるのに極めて効果的な方法です。相手と一番深いところで触れ合いたいと思っている姿勢を表しています。

特にポルトガル語やスペイン語は、国内に多数住んでいる日系ブラジル人・ペルー人など南米出身の日系人が話します。比較的聞き取りやすく発音しやすい言語なので、中1英語ぐらいはわかる人なら、楽しく学べると思います。ぜひ試してみてください。

普通の日本語も、英会話も、「一文二義」で話そう

多言語に詳しくなると、本当に様々な外国人と仲良くなれます。しかしやはり英語は、もっといろいろ話せるようになりたいものです。

実は、言いたいことを**やさしい日本語で整えられるようになったら、ちゃんとした英会話まであと一歩のところまで来ている**のです。

©三田紀房／コルク

廃校寸前の高校が、まったく新しい教育方法で東大合格者輩出を目指すマンガ『ドラゴン桜』(三田紀房作、講談社）で、主人公の桜木建二が、新聞社説の要約を書くときのコツを「**一文二義**」と言っています。

・「一文一義」は、単文で１つの意味しかないもの
・「一文二義」は、２個の単文がつながり２つの意味を含むもの
・「一文三義」は、３個以上の単文がつながり３つの意味を含むもの

であり、

- 一文一義は文として味気なく、一文三義は複雑でわかりにくい
- **一文二義なら論理的に書け、文の構造も理解しやすい**
- 日本語で書くのに慣れたら、英語でも書く。**一文二義は英文向き**

というものです。

これはここまで述べてきた話に直結しています。やさしい日本語の二文を明快な接続で一文に組み合わせて論じていくと、とても心地よいリズムで話が展開していきます。

同様に、**英語を少し勉強して二文一組でつなげられるようになれば、日本語と同様の明快さで話すことができるはずです。**

このように**やさしい日本語は、何語であれ、私たちが普段からもっと論理的でわかりやすく話すときの基本スキルにもなります。**やさしい日本語の可能性は、母語話者としての日本語の話し方にも、そして日本人が苦手とする英語や外国語習得にも広がっているのです。

MATCHA　やさしい日本語で情報発信

ウェブメディア「MATCHA」は、訪日外国人観光客向けのウェブマガジンです。2014年にサービスを開始し、日本の観光地や旅行での便利な情報を、多言語に翻訳して発信しています。立ち上げ直後から多数の外国語に加えて**やさしい日本語でも発信している**のが特徴です。私は、当時まだ創業２年目、若き社長の青木優さんにコンタクトを取り、形にもなっていないやさしい日本語ツーリズムの構想を熱く語り、柳川での連携についてお願いしました。

MATCHA　エリア　インタレスト　トラベルチップス

観光動画(tourism videos)を　見て　あなたが　行きたい　日本を　見つけよう！

次の　日本旅行、どこへ　行こうか。
そう　考えたら　ぜひ　観光動画を 見て　ください。
日本では　最近、いろいろな　場所の　観光動画が　あって、YouTubeで　見ることが　できます。
それらの　中には、笑ったり、感動したり　できる　動画が　たくさん　あります。

MATCHAのやさしい日本語の取り組みは、2015年度日本広告業協会主催「広告業界の若手が選ぶ、コミュニケーション大賞」で大賞に選ばれています。青木社長は宣伝会議のメディア「アドタイ」2016年10月12日のインタビューで、やさしい日本語での発信のきっかけを「日本語教材は、古かったり今の日本が反映されていないなど使えるものが少ない。今の日本を知りながら日本語に触れたら役に立つサービスになると思った」と語っています。私が主宰する日本語コミュニティでも、多くの学習者がMATCHAの旅行情報で楽しみながら日本語を学んでいます。

MATCHA やさしい日本語版
https://matcha-jp.com/easy/

第9章

日本人にも必要なやさしい日本語

ここまでやさしい日本語の活用先として、①日本語初心者の外国人向け、②AI翻訳(日本語がまったくわからない外国人向け)、③日本人自身の論理的思考向上と外国語学習への応用、を挙げました。最後に、④日本人でもやさしい日本語を必要としている人たちについて話をします。

日本人でも日本語を母語としない人たち

日本国籍でも日本語が母語ではないという人がいます。

このような人は大きく2つのパターンがあると考えられます。まず挙げられるのが、「**生活環境が日本語ではない**」という場合です。

例えば、両親とも日本人で家庭では日本語を使っていても、海外生活が長く、子供がその地域の学校にずっと通っていれば、日本語を母語として操ることが難しいという場合があります。

もうひとつは、「**親の日本語が子に伝わらない**」という場合です。

日本人と外国人が結婚し、子供は日本国籍となりました。しかし両親が早々に離婚し、外国人の親が子供を引き取り、自分の母国で育てました。この場合、子供は日本人ですが、母語は日本語ではありません。

「日本手話」を母語とするろう者たちがいる

この「生活環境が日本語でない」と「親の日本語が子に伝わらない」の両方に当てはまる日本人がいます。それは、**「ろう者」、すなわち生まれつき耳が聞こえない人たち**です。

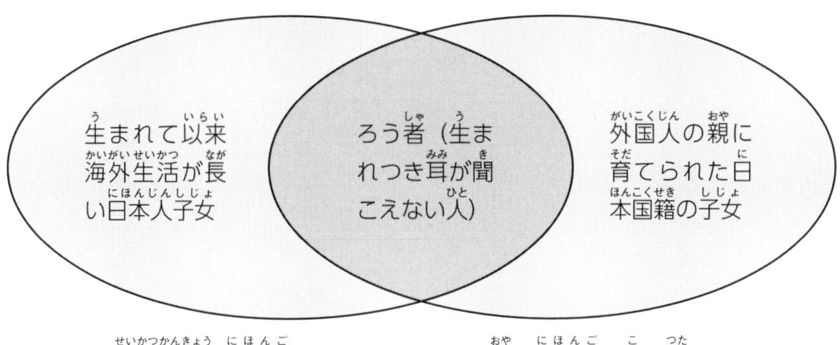

ろうとして生まれた子供（ろう児）は、音声による言語的刺激を受けないため、家庭や地域で育てられるだけでは日本語を自然に獲得できません。また、ろう児の親の約９割は聞こえる親だといわれています。このため親の話す日本語は子に伝わりません。

生まれて最初の言語を獲得すること、すなわち母語の獲得は、人格形成やコミュニティへの関わりをもつためのもっとも重要なことです。そして母語はその言語を話す集団の中で適切な言語刺激を受ければ自然に獲得できるという、素晴らしい近道があります。

このため、ろうだとわかった子供は早期にろう児・ろう者のコミュニティに入れ、そこで話されている「**日本手話**」を母語として獲得できるようにすることが大切です。そして一般にはあまり知られていないことですが、**日本手話は日本語とは関係ない、ちゃんとした文法体系を持つ「言語」**なのです。

「手話は言語である」ということは、実は比較的最近になって認識されてきました。それまでは日本語の獲得を阻害する存在として、**ろう学校でも長く手話が禁止**されていました。

1970年に制定された障害者基本法は2011年に改正され、第三条（地域社会における共生等）に第３項が追加されました。

> 全て障害者は、可能な限り、言語（手話を含む。）その他の意思疎通のための手段についての選択の機会が確保されるとともに、情報の取得又は利用のための手段についての選択の機会の拡大が図られること。

これにより、日本で初めて手話の言語性を認める法律ができました。その後関係者の粘り強い運動が実り、2013年に鳥取県で最初の手話言語条例が制定され、様々な自治体に広がっています。

聴覚障害の中でも中途失聴者はすでに日本語を獲得していることが多く、このような人が使う手話は日本語に合わせて作られた「日本語対応手話」を指すのが一般的だと言われています。これは聞こえる人と聞こえない人が通じ合うために作られた手話であり、日本語音声と併用するのが基本です。

しかしここで問題になるのは、日本手話を母語とするろう者たちです。彼らは日本手話を使うコミュニティでは問題なく意思疎通できます。それはベトナム人にとってのベトナム語と同じです。ろう者のコミュニティは外国人のコミュニティ同様、独特の文化（ろう文化）をもっているといわれます。そしてそのような**ろう者にとって日本手話はアイデンティティそのもの**です。

「手話を禁止し徹底的に日本語を獲得させよ」という時代のろう教育では、親や周囲の愛情の元でのびのび育てるべき幼少時に、ろうの友達と話す手話を禁止し、日本語の文法や語彙、そして自分では聞こえない声を出す方法を、厳しく教え込んできました。これはろうとしてのアイデンティティを剥奪するだけでなく、第一言語が不十分なろう者を大勢出してしまう結果となりました。

現在では、ろう児にまず日本手話を母語として獲得させ、その言語基盤を使って日本語を教えるという「**バイリンガルろう教育**」も理解されるようになってきました。今後は手話言語条例の広がりに合わせ、社会に手話でアクセスできる機会を増やす一方、日本語ではなく日本手話を母語とするろう者もいるということが常識となる世の中にしていかなければいけません。

外国人とろう者、どちらも日本語は「第二言語」

日本手話を母語とするろう者にとって、日本語は母語を獲得したあとに学ぶ「第二言語」です。いわば、**外国人が日本語を学ぶように、ろう者は日本語を学ぶ**のです。そして、それは私たちが英語を学ぶのと同じです。このため、ろう者の書く日本語は、外国人の日本語学習者が書くような間違いをすることがあります。

第二言語で学ぶ言語を、母語話者と同様に話すのは極めて困難です。私たちがどんなに英語を勉強したとしても、a と theの違い、単数形・複数形の違いなどを完璧に使いこなすのは難しいのと同じことです。**ろう者が日本語を間違うからといって、能力がない・教養がないなどと、下に見るのは極めて不当なこと**なのです。

手話を母語とするろう者が、日本語と聴者が支配的な日本社会で生きるとき、いろんな苦労や傷つくことがあるでしょう。おそらくそれは外国語を母語とする外国人も体験していることばかりです。

この本を読んでいただいている方は、日本語初心者の外国人に対してやさしく接しようと思っている方がほとんどでしょう。この機会にそのやさしい気持ちを、ぜひろう者にも向けてください。

ろう者や手話に関する事情については、2021年に筑摩選書から『ろうと手話 やさしい日本語がひらく未来』という書籍を出版しています。ぜひご覧ください。

口元を見て言葉を読み取るろう者・聴覚障害者

生まれつき聴覚に障害のある子供は、ろう学校などで日本語を徹底的に教え込まれます。そして現代では多くの場合「聴覚口話法」という方法で、聴者との会話の訓練をします。

聴覚口話法とは、次のようなものです。

1. 少しでも残っている聴力があれば、補聴器や人工内耳を使って多少でも音の差を認識できるようにする
2. 相手の口の動きを読んで、音と合わせて言葉を特定する
3. 口や舌の動きや位置、流す息の量の調整を視覚的に学び取って真似し、自分では聞こえない声を発する

それでも口の動きが同じ「たまご」と「たばこ」の区別はつきません。聴覚口話法は常に推測を伴うものであり、必ずしも完璧ではありません。そして多くのろう者や聴覚障害者にとって非常に負荷が大きく、長時間続けられるものではありません。このため早口でだらだら話す人の話には本当に疲れ、途中であきらめていることも多いようです。

口頭での会話ができるろう者や聴覚障害者と話すときには、はっきり、さいごまで、みじかく言う「ハサミの法則」が何より重要です。これは、まさにやさしい日本語のスキルです。やさしい日本語を必要としている日本人もいる、ということです。

視覚障害と漢字の問題

やさしい日本語の可能性はろう者・聴覚障害者にとどまりません。2018年2月、やさしい日本語をテーマとする初の「やさしい日本語と多文化共生」シンポジウムが学習院女子大学で2日間に渡って開催され、やさしい日本語に関する様々な取り組みが発表されました。

私が特に注目したのは、あべやすし氏（日本自立生活センター）の「ことばのバリアフリーと〈やさしい日本語〉」の発表でした。あべ氏は、「漢字のバリア」について以下のような指摘をしています。

- 視覚障害者が使う「点字」は、いわばひらがなだけで構成された文。**同音異義語の多い漢熟語を多用した文は点字でもわかりにくい。**
- 見えない人、見えにくい人、読字障害（ディスレクシア）の人、読み書きが苦手な人には音声での情報が便利。しかし**音声読み上げ機能を使っても、固有名詞など漢字の誤読や、環境によって本文とふりがなの両方を読み上げてしまう**などのバリアがある。
- 以上のことから、様々な対象者や環境に対応した**「よみあげさせるための表記」**の用意の検討が必要。

詳しくは、以下の当日発表資料全文をご覧ください。

http://hituzinosanpo.sakura.ne.jp/abc2018a.html

また、あべ氏は山口県立大学での卒業論文「現代日本における『識字』のイデオロギーと漢字不可欠論」で以下のように書いています。

> てんじ・しようしゃは、100ねん いじょうに わたって、にほんごを かんじ ぬきで よみかき してきた。しかし、ワープロが ひろく ていちゃく して、めの みえない もうじんたちも、ワープロを つかって かんじで ぶんしょうを かくよう きょうせい され はじめた。そもそも、かのじょら／かれらには、かんじは ひつようの ないもの なのに である。それは、ただ たんに たいはんの にほんじんが、かんじに いぞん している からである。

技術の進歩に伴い、生まれつきの視覚障害者は、本来自分たちには必要のない漢字を、漢字に依存している晴眼者のためにタイプさせられている現実があります。これは**聴者のために補聴器や人工内耳を装着し、日常でも読唇と発話を強いられているろう者とよく似ています。**

あべ氏は同じ卒論の中でこのように述べています。

> これからは、かんじを なるべく つかわない ように こころがけ なくては ならない。そして、かんじが にがてな ひとには、「かんじを つかわない じゆう」を みとめる べきだ。もし、かんじを つかわない ぶんしょうは「よむきが おきない」といって、かながき

の ぶんしょうを はねのけるなら、マイノリティだけ
が そんを すること になる。

このように、私たちが親しみ、日本語の価値のひとつだと思っている漢字が、外国人だけでなく視覚障害など文字を読むことに困難のある人々の大きなバリアになっています。このため、音で日本語を理解するための**「ふりがな」をどう扱うかという視点が重要**になります。

あべ氏は『ことばのバリアフリー』(生活書院) で、障害論・情報保障・ユニバーサルデザインなどの観点から様々な問題提起や提案をしています。ぜひ読んでおきたい1冊です。

「ふりがな廃止」とやさしい日本語

明治初期、市井の人を対象として各地で発行されたタブロイド判大の「小新聞」は、口語体の総ルビで書かれていました。当時小新聞だった読売新聞や朝日新聞はこれにより一般市民から支持を得て部数を拡大しました。

知識人向けに漢文直訳体で発行された大紙面の「大新聞」ではルビは振られていませんでした。おそらく大新聞の読者は総ルビの小新聞をバカにしていたでしょう。しかし一般市民の知識レベルを上げるのに小新聞の役割は大きく、まもなく知は一部の特権階級だけのものではなくなっていきました。

一方当時のかな表記は、「蝶々（ちょうちょう）」を「てふてふ」と書くような、発音と表記が違う「歴史的仮名遣い」であったため一般人には読みづらく、また総ルビで活字印刷するのも大変な労力とコストを伴いました。このような背景から1900年（明治33年）、当時大阪毎日新聞社社長で後に総理大臣となる原敬は「**ふり仮名改革論**」を発表し、漢字の節減とふりがな廃止を唱えました。大正時代に入り識字率も上がってきたことから、新聞の見出しにはルビがなくなり、記事も一部の漢字だけに振られることが一般的になりました。

文壇からも批判が現れました。太平洋戦争開始直前の1938年に、作家の山本有三が『戦争とふたりの婦人』(岩波新書) の巻末で

「**ふりがな廃止論**」を展開しました。要約すれば「文明国であるにもかかわらず、ふりがながなければ読めないような表記は国語として不名誉である。またふりがなは見かけ上も不愉快な小虫のような存在である。難しい漢字を減らし、ふりがながなくても、誰にでも読めるような文章を書くべきである」というものです。

さらに当時山本が国語審議会漢字主査委員長を務めていた影響もあり、1938年に内務省警保局が幼少年雑誌の編集者向けにふりがな廃止の通達を出しています。この背景には、小さいふりがなを多用している書物が原因で近視者が増加し、その結果**徴兵検査合格率が低下した**と考えられていたことがあります。

終戦後アメリカから漢字廃止も含めた言語政策を求められたため、1946年当面の間用いる「当用漢字（1850字）」を制定、漢字削減が実現しました。同時に、「使用上の注意事項」として「ふりがなは原則として使わない」ことにもなりました。原や山本が主張した「ふりがな廃止」は終戦を機に一気に形になりましたが、**その実態は漢字の節減と表現の平易化に重点を置いたものであり、ある意味現代のやさしい日本語の考え方にも近いものだった**と言えるでしょう。

その後も業務の非効率性の元凶として漢字廃止論は残りましたが、ワープロなど技術革新により消えました。1981年には通常用いる「常用漢字(1945字)」が導入され、2010年に現在の2136字に改定されました。

しかしふりがなについては議論もなく廃止のままとなっています。現代では日本語を母語としない外国人など、ふりがながなければ読めないという人が再び増えてきました。**今こそ、やさしい日本語の観点から、廃止してしまったふりがなの使用を「再検討」する必要がある**のではないでしょうか。

ふりがなが消えていった事情のうち、現在では印刷技術の発展により総ルビの紙面を作ることもかんたんになりました。歴史的仮名遣いも現代仮名遣いに改められ、ひらがなの読み方はシンプルになりました。もはや徴兵検査合格率を上げる必要もありません。総ルビに戻す環境はすでに整っています。

それでもふりがなの採用には後ろ向きの人が多いと思います。それは当時から山本が毛嫌いしたように、デザイン上好まれないという理由があるからです。しかし**私たち多数派がデザインの面でふりがなを否定することは、それを必要としている人の利便に比べてどれだけ優先すべきことでしょうか。**

ふりがななしで漢字を読める多数派が社会の情報を独占している現状は、見直していく必要があるでしょう。新聞がたとえ１ページだけでもかつてのように総ルビにすれば、社会は大きく変わるかもしれません。そしてメディアが様々な環境に対応した音声読み上げ機能を意識して情報をネットに配信すれば、メディアの新たな存在価値が生まれるでしょう。

障害の「社会モデル」とやさしい日本語

同じく「やさしい日本語と多文化共生」シンポジウムでは、淑徳大学短期大学部の打浪文子准教授が「知的障害者と〈やさしい日本語〉」という発表で以下のように述べています。

> ことばの理解や運用に難しさを抱える知的障害者は、ことばを重視する能力主義的な社会の風潮において、言語的にも社会的にも劣位に置かれている。しかし、社会との関係性から捉えなおす「障害学」的観点からすれば、知的障害もまた社会との相関で生じているといえる。(中略) 知的障害者の社会的不利益をかえりみるのであれば、マイノリティである知的障害者にことばの「できなさ」を押し付けるのではなく、社会全体で解決すべき言語的問題としてとらえなおす視点が不可欠である。

この**「社会との相関で生じている」障害を障害学では「社会モデル」と呼んでいます。**

障害を主に医学的な原因に起因するものとして、本人の治療やリハビリによって解決できることがあるという考え方を「医学モデル」といいます。一方「社会モデル」では、**障害の原因が社会のあり方にあると考え、社会インフラや制度のほうに働きかけることによって解決すべき点がある**と考えます。

ろう者・聴覚障害者に音声言語で会話させたり、視覚障害者に文書で漢字を使用させたりするのは、多数派が作った社会の仕組みを、それを苦手とする少数派に押し付けていることかもしれません。**聞こえなくても見えなくても、社会に参加できる権利を社会が保障することが、「社会モデル」の視点からの解決**です。

身体障害者のための社会インフラは、社会モデルの観点からかなり整備されてきていますが、コミュニケーションについては十分とはいえません。特に知的障害者の場合、打浪氏は前述のシンポジウムで

> 社会福祉学周辺では支援者が知的障害者への情報伝達をいかに担うかに主眼があり、社会や情報の発信元が負うべき課題が不可視化されてきた。ゆえに、知的障害者が直接情報にアクセスすることを念頭に置いた情報提供について問いが立てられること自体がほとんどなかった

と指摘しています。「読んでもわからない」「話しても通じない」という偏見から、**社会が最初から支援者たちをあてにし、知的障害者が直接アクセスする情報やコミュニケーション自体、あまり問われてこなかった**ということです。

さらに打浪氏は以下のように述べています。

政府や行政機関等からの情報提供では障害者に関連する情報を「わかりやすい」版としてウェブサイト等に掲示する動きがみられるが、知的障害者が会議に参加したものや障害関連の法律の説明などに限られているうえに、アクセス自体に困難がある場合が多い。

すなわち知的障害者に配慮した情報は一般に当事者関連のものに限られており、彼らが行政サービスを受ける上での情報や、そのアクセス方法の整備が十分でないのが現状だということです。

このような問題に取り組むために、知的障害者の親や福祉職員・新聞記者・研究者が協力して1996年に知的障害者のための新聞「ステージ」を発行し、以来、知的障害者の社会参加や就労のため、自己選択・自己決定可能な情報の保障を促進する活動を、関係者が継続してきました。2016年には毎日新聞の野澤和弘氏を代表とした一般社団法人スローコミュニケーションが設立され、企業・官公庁・福祉事業者の情報をわかりやすくする事業などを展開しています。打浪氏は同団体の副理事長を務めています。

打浪氏は発表で、個人差や生活語彙に左右される部分は大きいが、**知的障害者がわかりやすい日本語と外国人向けのやさしい日本語には共通点が多い**と指摘しています。これは**高齢者・認知症の人に向き合う介護関係者も同様に感じている**ことでしょう。

このように様々な情報が外国人向けのやさしい日本語で提供されるようになれば、結果として外国人以外の人たちにも役立ちます。外国人児童向けにやさしい日本語で書かれた教材が増えれば、知的障害者が学ぶ機会も増えます。また外国人への情報保障ではそれぞれの母語を保障するのが一番ですが、やさしい日本語も併せて提供されれば、知的障害者がアクセスできる情報が格段に多くなります。これは、男女別のトイレのほかに、誰でも使える「多目的トイレ」の設置が、身体障害者・高齢者だけでなく、トランスジェンダーの人たちにも役立つことに似ているかもしれません。

前述の「やさしい日本語と多文化共生シンポジウム」では、外国人だけでなく様々な分野での可能性が明らかになりました。外国人向けの減災情報発信の分野から始まった「やさしい日本語」は、日常的な情報にも活用される〈やさしい日本語〉に発展しました。今後は、**外国人という枠をはずし、必要とするすべての人に対して役に立つための表現手法として、やさしい日本語が再度定義されていく**ことになるでしょう。

このシンポジウムの主要な発表を採録した『〈やさしい日本語〉と多文化共生』(ココ出版)は、やさしい日本語の未来を見据える上で必読の書籍です。ぜひお読みください。

プロの通訳・翻訳を必要とする人々がいる

第2章で、「外国人との共生社会でもっとも大事なことは多言語対応の保障であり、命や人権に関わるような情報は専門通訳・翻訳者による個別言語の対応が必要」と述べました。やさしい日本語や英語だけでは不十分なことがある、ということです。

命に関わる代表例は**医療通訳**です。親より日本語が上手な子が、親が病院にかかる際の通訳になり、重大な告知を子が通訳するということがよくあります。また患者自身が聞きたいことを十分に聞く権利も、専門の医療通訳なしには保障されません。

人権に関わる代表例は**司法通訳**です。私はときどき裁判の傍聴に行くのですが、タンザニア人の裁判でおそらくスワヒリ語の通訳がついていました。仮に被告がある程度英語を理解したとしても、母語で裁判を受けられなければ公正さが担保されません。

また人権に関わることとして、**児童相談所**や**女性相談所**での対応があります。非常に厳密な情報管理が必要な案件で、地元のコミュニティから通訳できる人を呼ぶわけにはいきません。

三重県は2018年、地元で多文化共生に取り組むNPO法人愛伝舎と電話通訳を手がける株式会社BRIDGE MULTILINGUAL SOLUTIONSの協力で、**全国初となる児童相談所での24時間多言語対応電話通訳を導入**しました。

三重県児童相談センターが導入1年を経て公開した情報を報じた2019年12月2日の中日新聞記事によると、

・2018年度、外国にルーツのある子供の虐待が疑われ、保護者に話を聞いたり子供を一時保護したりした件数は147件で、2013年度に比べて約2.8倍となった。
・日本語が通じない場合、通訳派遣にかかる時間は2017年度で100分近くかかっていた。また片言の日本語が通じる場合は通訳なしで対応することもあり、正確な状況把握が困難だった。知人に通訳を頼むこともあった。
・2018年度電話通訳を導入。携帯電話で通訳を呼び出し小型スピーカーで対応する方式に変更。手続き時間が20分の1になるなど迅速な対応が可能になった。2017年度の通訳派遣対応が25件に対して、2018年度は電話通訳で68件対応。
・家庭訪問や各事例の検討など児童相談所本来の業務時間が増加。

と、大きな成果を挙げています。この取り組みは2019年度の全国知事会第12回先進政策創造会議での優秀政策事例として選ばれています。

やさしい日本語劇団

「やさしい日本語劇団」は東海地域でやさしい日本語の普及を目指して活動している劇団です。2017年に東海日本語ネットワークが主催した「日本語ボランティアシンポジウム2017」で「コントでつづる『やさしい日本語』」を上演したメンバーによって結成されました。

海外ルーツのメンバーも役者として登場し、日常の何気ない日本語の難しさをショートコントで紹介してくれます。私も一度名古屋市の講演でご一緒したことがありますが、会場は爆笑の渦でした。繊細な問題でも笑いで伝えることのパワーを感じました。

やさしい日本語劇団　ウェブサイト
https://yasashiinihongogek.wixsite.com/yasanichi

第10章

「第三者返答」
～「言語」より大きい「態度」の問題～

私の現在の最大の関心事は多文化共生社会作りです。外国人への関心から始まったやさしい日本語ですが、ろう者につながったことからさらに関心が広がり、ある言葉に出会いました。それは「第三者返答」です。

無意識のうちの「第三者返答」

「第三者返答」は、関西学院大学オストハイダ・テーヤ教授が2005年に論文で発表したキーワードです。「話しかけてきた人の見かけの印象などから、その人との意思疎通が問題ないにもかかわらず無視して、その人と一緒にいる人に返答すること」と定義されています。

わかりやすく説明すると、

・日本語が通じる外国人Aが日本人Bと一緒にいる場面で、
・外国人Aが別の日本人Cに話しかけると、
・日本人Cは外国人Aの日本語に問題がないにもかかわらず、
・外国人Aの外見的な印象から、
・外国人Aを無視して日本人Bに返答する

論文によれば、このような状況を非東洋系日本語上級者の59%が経験しているとのことです。

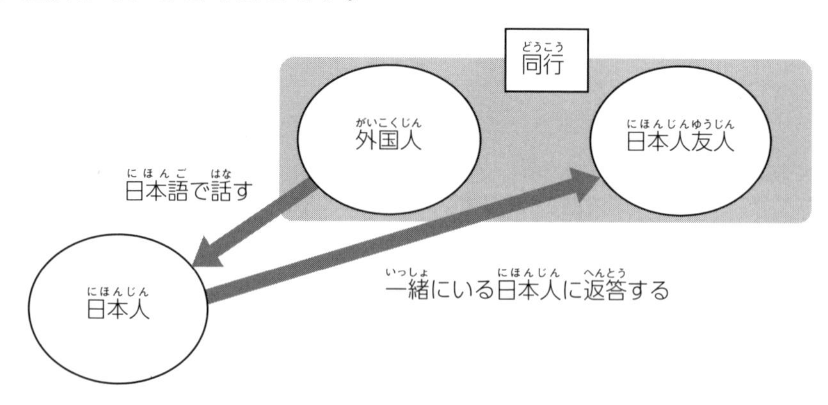

オストハイダ教授はさらに、この現象は**車イス利用者が友人と同行するときにもよく起こる**と指摘しています。

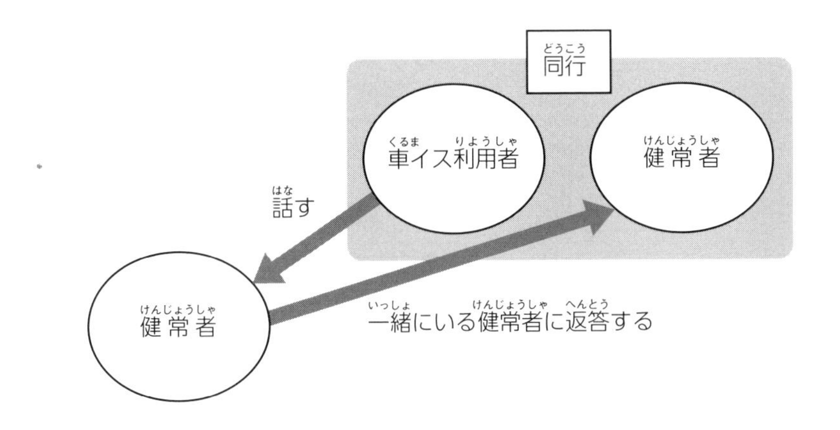

これを経験した外国人・車イス利用者の多くが、非常に不愉快なものとして受け止めています。

私は、外国人に対する第三者返答はなんとなくイメージできましたが、同じことを車イス利用者も経験すると知り、また大きな衝撃を受けました。**多数派日本人のコミュニケーション態度の問題で、外国人と障害者どちらにも適用される例がここにもあった**のです。

「第三者返答」と障害者差別解消法

講演先で聴講者にこのような第三者返答をした経験はないか聞くと、思い当たる人は確かにたくさんいるようでした。おそらく日本人はこのような言語行動を無難だと思っているのでしょう。外国人が日本語を話すのは負担になるだろうから、日本人側に返事する。車イスの方に手間がかからないよう、同行者に話しかける。こんな気持ちが容易に想像できます。

しかし2016年に施行された障害者差別解消法について内閣府が作成したパンフレットに、**第三者返答に相当する態度は差別であり、解消すべきだと明記**されています。

内閣府リーフレット「『合理的配慮』を知っていますか？」の「不当な差別的取扱いは禁止されています」より

このパンフレットではこのほかの差別例として

- 受付の対応を拒否する
- 学校の受験や入学を拒否する
- 障害者向け物件はないといって対応しない

などを挙げています。

障害者差別解消法は2023年に改正され、2024（令和6）年から事業者による合理的配慮の提供が義務化されることになりました。日常的に利用する店舗などでも合理的配慮が進んでいけば、当事者ではない人にもその様子が伝わり、市民レベルでも自らの考えや行動に反映していくことでしょう。

マイノリティへの合理的配慮に、縦割りは必要か

第三者返答だけでなく、障害者差別解消法で解消を求めている事項は、**障害者だけでなく、外国人も同じ目にあっていることばかり**です。

外国人も、受付の対応を拒否されることがあります。
外国人も、学校の受験や入学を拒否されることがあります。
外国人向け不動産物件はないと、対応されないことがあります。

さらには、おそらくLGBTの人たちもこれに類した不快な待遇を受けることがあると思われます。

障害者・外国人・LGBTらマイノリティへの差別解消は人権・人道の観点から急務であるにもかかわらず、**対応がマイノリティのカテゴリー別になっている**ことに疑問を感じます。

障害者差別解消法は障害者だけでなく外国人の視点も含めるべきであり、同様に**やさしい日本語も、外国人だけを対象とせず、ろう者や障害者・高齢者の視点も含めるべき**だと考えています。

ショートムービー「第三者返答」

これまでやさしい日本語の社会普及に長く携ってきた中で、社会に必要とされるやさしい日本語の本質は、**言語面以上にコミュニケーションにおける「態度」の問題が大きい**と感じています。日本人が見かけの印象などから直接話しかけないようであれば、外国人がいかに日本語を勉強しようと、日本語教育をいかに政策として推進しようと、意味はありません。

また第三者返答は、外国人や障害者だけでなく、**女性・子供・高齢者のような人たちも同様の扱いを受ける**ことがあります。例えば次のようなことです。

- 妻が自分の手続きのために役所に夫婦で行っても、窓口担当は夫の方に話をしようとする。
- ファストフードで子供が一生懸命注文しているのに、店員が親に返事する。
- 高齢の親に子が付き添いで行くと、医者は患者である親ではなく付き添いの方に話す。

このように日常の様々な場面で第三者返答は起こっており、**誰でも無意識のうちにそのような態度をとってしまうことがあります。**第三者返答は「多数派対少数派」という単純な図式と違って、もっと自分ごととして捉えることができる現象と言えるでしょう。

社会啓発、すなわち社会に問題に対する気づきを与える活動では、理解のない人に対して、いきなり理解を求めようとしてもうまくいきません。そもそも「無関心」と「思い込み」が「無理解」の原因となっていることが多いのです。自身もろう者であり、社会における情報やコミュニケーションのバリアフリー化に取り組む特定非営利活動法人インフォメーションギャップバスター理事長の伊藤芳浩氏は、著書『マイノリティ・マーケティング』(ちくま新書)でマーケティング手法を社会問題解決に活用することを提言し、読み手を共感・納得させるストーリー性のあるキラーコンテンツを作ることの重要性を指摘しています。

このことに注目した私は、第三者返答の問題点について世の中に理解を広げていくために、明治大学国際日本学部横田雅弘ゼミの協力のもと、7分間のショートムービーを作成し、2022年9月30日に公開しました。脚本・監督・編集は映画「ほどけそうな、息」「月光」を監督した小澤雅人氏です。横田ゼミは、様々なマイノリティの方々の話を傾聴する「ヒューマン・ライブラリー」に取り組んでいます。

https://www.youtube.com/watch?v=56FPX_u0Y0g

今回第三者返答を描く上で、横田ゼミの学生に多様なマイノリティの方々に対して第三者返答の経験についてインタビューしてもらいました。その中で出てきた内容を小澤監督が脚本にまとめ、以下の３つの場面を作品で描きました。

- カフェ店員の女性が外国人留学生に第三者返答をしてしまう
- 休憩中のカフェ店員が、第三者返答をされて不愉快だった経験を話す
- 外国人留学生も全盲の大学教員に第三者返答をしてしまう

劇中、全盲の英語教員「堀田」を演じた堀越喜晴氏は実際に明治大学で教鞭を取っている講師であり、日常的に第三者返答をされている経験をお話しいただきました。最後のシーンの「ありがとう」は台本になかった堀越先生のアドリブであり、この一言が作品の質をさらに高めています。

第11章

みんなで「やさしいせかい」をつくろう

ここまで述べてきたように、やさしい日本語は今や言葉だけの問題ではなく、外国人のためだけでもないという考え方が広がってきています。最後の章では、やさしい日本語が目指す未来について考えていきます。

やさしい日本語ラップ「やさしい せかい」

2020年７月に本書の初版を出したあとから、この書籍で紹介した多様な観点を映像で広く伝えたいと思うようになりました。そこで思いついたのが**「ラップ」でメッセージを伝えるというアイデア**です。

当時コロナ禍の拡大により自宅勤務が長期化していく中で、自室で様々な音楽を聞きながら仕事をしていました。たまたま興味本位で再生したラップミュージックのプレイリストを聞いて、こんなにもシンプルでまっすぐ言葉を伝える手法があるのかと感動しました。このアイデアを当時の私の勤務先でラップ活動もしている武内昌司郎さんと山崎誠太さんに相談しところ、熱い賛同を受け、企画を進めることになりました。

ラップは当事者自ら声を上げることで説得力をもちます。日本にいる外国人ラッパーがいないかといろいろ探しましたが、なかなかぴったりした人材が見つかりませんでした。そこで考えついたのが、**多文化共生を学ぶ明治大学国際日本学部山脇啓造ゼミと連携し、学生たちと一緒に楽曲を作っていく**という企画でした。

山脇教授は多文化共生分野の第一人者です。2017年、縁あって山脇ゼミでやさしい日本語についてお話しする機会があり、2018年度以降授業やゼミ活動でやさしい日本語を取り上げていただくようになりました。山脇教授は入管庁・文化庁による「在留支援のためのやさしい日本語ガイドライン」作りにおける有識者会議の座長も務めています。

日本語のラップは高度な言語表現であり、日本語に壁を感じる当事者に作ってもらうのは容易ではありません。そこで、山脇ゼミのように**多文化共生を学ぶ学生であればその代弁者になり得る**と考えました。山脇教授に依頼して参加者を募り、日高悠希さん・盛永樹さん・鈴木尊晴さんの男子学生３名が手を挙げてくれました。この３名が大学キャンパスと同じ中野区にあるイーストウェスト日本語学校の留学生や明治大学の留学生たちにオンラインでインタビューし、その内容をもとにラップの歌詞100本の作成にチャレンジしました。

学生たちが協力して作った歌詞は、現役会社員ラッパーである武内さんと山崎さんの協力でピカピカに磨き上げられました。曲のタイトルはサビのコンセプトをストレートに表す**「やさしい せかい」**に決まりました。さらに武内さんらの紹介でプロのDJユニットCLIFF EDGEのJUNさん（トリプルエス・エンタテインメント）に素晴らしいリズムのメロディーラインを作ってもらいました。そして山脇ゼミ男子学生３名に加え女子学生および留学生たちにもラップに挑戦してもらい、2021年７月にイーストウェスト日本語学校で録音しました。武内さん山崎さんによる熱血指導のおかげもあり、素晴らしい楽曲に仕上がりました。

ビデオの撮影は、「第三者返答」を撮っていただいた小澤雅人監督に依頼し、明治大学中野キャンパスをフルに活用した映像を撮ってもらいました。撮影には録音に参加してくれた大学生・留学生を中心に若者が集まり、さらにはろう者や視覚障害のある大学生も参加しました。私のこだわりで作った視覚・聴覚障害の歌詞のシーンでは、点字ディスプレイで文字を読んでいる姿や、手話で歌詞を表現する姿などを演じてもらいました。コロナ禍でなかなか人に会えない状況の中で、楽屋ではお互い初めて会う多様な若者たちがすぐに打ち解け合い、仲良く交流しているのが印象的でした。

こうして完成したやさしい日本語ラップ「やさしい せかい」は、2021年9月30日に公開されました。

歌詞に込められた意味

「やさしい せかい」は、**本書で述べたポイントをそのままラップ化・映像化したもの**となっています。1番の歌詞は「言葉で解決できること」、2番の歌詞では「言葉で解決できないこと」をテーマに、「やさしい せかい」をつくるために私たちはどんなことをすればいいかをラップに乗せて伝えていきます。

楽曲 「やさしい せかい」

作詞：吉開章 ＋ 明治大学国際日本学部 山脇啓造ゼミ

作曲：JUN（トリプルエス・エンタテインメント、CLIFF EDGE）

編曲：JUN, YUTAKA

ニュアンス伝えるオノマトペ
で伝わらなければ共倒れ
キラキラ瞳　ギラギラ目つき
点々ついたら　まるで別の意味

オノマトペは伝わりにくい
→ 86ページ

産卵と散乱？　既にアタマ混乱
ダイジ？　オオゴト？　違ったらオオゴト
毎日漢字の　読み方勉強
来日後からは　空気読む方が面倒

漢字の言葉は避けて和語で言う
→ 82ページ

「お召しになった」は　メシじゃない
「参りました」は　負けじゃない
学び始めた　大人の敬語
複雑すぎて　一発KO

敬語は使わない、「です・ます・ください」にとどめる
→ 81ページ

止まる　止める　閉まる　閉める
自動詞　他動詞　どうしてわかる
止まること無い　しまらねーハナシ
マル打って休め　落ち着けーってハナシ

自動詞・他動詞／ダラダラ言いがちな日本語／短く言うことの重要性
→ 68ページ

「引く」は知ってる　ドアに書いてる
「払う」も知ってる　コンビニで必須
But why?　「引き払う」が引っ越しの意味
Easy そうで　僕らにはイ・ミ・フ

複合動詞、豊かなニュアンスはあきらめる
→ 85ページ

フツーにやばい　ありよりのなし
微妙なニュアンス　オレがナンセンス？
秘めたコトバの　意味察する
言ってよ　日本語で真っ直ぐ

高文脈な言い方は避ける（二重否定など）
→ 84ページ

言葉届けよう
みんなに伝わる　ハサミの法則
はっきり・さいごまで・みじかく言う
たったこれだけさ
今届けよう　やさしい日本語　それがあれば

言葉で解決できることは、「はっきり・さいごまで・みじかく」言うハサミの法則で解決しよう
→ 66ページ

もう完璧さ
やさしい言葉が溢れてる　世界をつくろう

英語は世界の共通語？ Oh
伝わらなかったらどーするの？
アメリカこちら　ロシアはこっちだ
あなたはどちら？　これ必要かしら？

英語を話す外国人ばかりでない
→ 10ページ

Tell me why? 両サイド空席の状況
満員電車　これは異常
私のとなりに　見えないお化けいる？
こわがる訳　なんだっけ？

ここニッポンで　親しい関係
築けねぇほど　でっかい壁
こっちは望んでる　親しい関係
仲良くなりてぇ　ただそれだけ

知らず知らずに外国人を避ける傾向がある第三者返答
→ 178ページ

病院で話す　難しさ
本当に声届くのか　ドクター
子どもが訳す　親の病状
この現状　医療通訳必要

命や権利に関することはやさしい日本語ではなく相手の母語を保証しなければいけない。電話通訳の活用が有効
→ 173ページ

点字を使って　学んだ僕ら
指使い本読む　データさえあれば
手話でも一緒に　伝えておくれ
情報社会で　深刻な遅れ

視覚障害者や聴覚障害者も、外国人同様、社会における言葉の壁を感じている
→157ページ

ゆっくり話せば　わかるのに
いつも先行きがち　君が話すとき
ここ日本で僕ら　生きている
日本語の壁ってやつ　でか過ぎる

現代の情報社会では、情報の量も速度も速すぎて、知的障害のある人や高齢者などでついていけない人たちがいる
→169ページ

気持ち届けよう
言葉乗り越える　ココロの法則
違い認め合う　まっすぐなハート
たったこれだけさ
今届けよう　やさしい気持ち　それがあれば
もう完璧さ
やさしい気持ちが溢れてる　世界をつくろう

言葉で解決できない問題は、違いを認め合うまっすぐなハートで乗り越えよう
→210ページ

　このように「やさしい せかい」の歌詞には、**言葉で解決できることはやさしい日本語ハサミの法則で解決しよう、言葉で解決できないことは違いを認め合うまっすぐなハートで乗り越えよう**というメッセージが込められています。作品の公開直後から大変な反響があり、再生回数も最初の１週間で１万回に達しました。私の講演はこの歌詞を解説する形で進め、何度もこのラップを聴くことで復習できるようにしています。

人生の目標は「ハサミの法則」を「1億2,000万人」に広げること

外国人など様々な多様性のある人たちとの共生社会では、日常的に関わったり支援したりしている人だけが彼らと仲良くしたり、困りごとに対応するのでは十分とはいえません。**同じ地域に住む住民、さらには同じ日本に住む人たち全員が関わるべきこと**なのです。

「やさしい せかい」の反響に自信をもった私は、**「クリエイティブの力」と「仲間の力」を組み合わせれば、今よりはるかに多くの人にやさしい日本語を広めることができる**と確信しました。この作品を世に出してから、私の人生の目標は、**日本に住む1億2,000万人すべてに、最低限のやさしい日本語、すなわち「はっきり・さいごまで・みじかく言う」ハサミの法則を広げる**ことであると決心しました。

やさしい日本語の答えは1つだけではなく、どんな内容でも全員に確実に伝えられる魔法の表現技術というものは存在しません。しかしあくまで個人的な実感値ですが、ハサミの法則を意識して話すだけで、言語的なわかりやすさを100点満点中70点ぐらいまで引き上げることができると思います。**「外国人から日本語で質問されたら、ハサミの法則で答えればいい」ということが日本に住む人全員の常識になって初めて、外国人も安心して住める社会になる**のではないでしょうか。

やさしい日本語は「AED」を目指す

社会にはいつのまにか常識になっていることがあります。「AED」もそのひとつです。

AEDは Automated External Defibrillator（自動体外式除細動器）の略称ですが、正式名称や英語名を知っている人は決して多くないでしょう。しかし、心臓が止まり倒れている人と出くわしたら、大勢の人がAEDの存在を思い出すことができます。

日本AED財団とNHKが2014年に行ったAEDに関する電話調査によると、**AEDの認知率は全体の83.4%**にも上っています。10年近く前の調査でこの高認知率であることからそのあと継続した調査は行われていませんが、AEDの存在は常識として定着しているといえるでしょう。

また、同調査では**全体の30.0%がAEDの使い方を学んだり、実際に使ったりしたことがある**と回答しています。災害大国である日本では職場や集合住宅などで定期的に防災訓練が実施され、そこで消火器や人工呼吸の練習などに加え、**AEDの訓練も広く行われている**ことがこの数字に表れています。

さらには、**見知らぬ人が目の前で突然倒れたときAEDがあれば使うことができますかという問いに、35.6%の人が「できる」と回答**しています。これは訓練の賜物であると同時に、AEDが「フタを開けて、パッドを当てて、ショック！」の3ステップしかないという**操作のシンプルさが、訓練を受けた人々の「自分にもできる」という自信に繋がっている**といえるでしょう。

2022年に在留支援のためのやさしい日本語ガイドライン「話し言葉編」が公開されました。前書きでは「行政機関を中心に、広く地域社会や民間企業・市民団体でも活用されることを目的とし、在留外国人とのコミュニケーションの際に留意すべき実践的な事項を検討しました」とあります。しかしながらガイドラインという性格上、様々なことを網羅しており、業務上外国人などと接する機会のある人や、興味関心のある人にしか広がらないことは明白です。

AEDは決して「治療する」機械ではありません。あくまで**たまたま居合わせた人がその場を「しのぐ」ためのもの**です。しかし居合わせた人がAEDを知っているかどうか、訓練したことがあるかどうかで、人の生死が決まることがあります。**AEDは限界まで機能をシンプルにした上で、訓練も含めた広報活動が継続的に行われたことで社会の常識**になりました。私はこの**AEDの社会普及の過程が、やさしい日本語の目指すべき方向性**だと考えています。

地域に住む外国人に対して常にやさしい日本語で話しかけるということは、いつまでもお客さん扱いのようで好ましくありません。方言があるところは方言で話さなければ仲良くなれません。しかし仲良くなった外国人が「役所からハガキがきました。これは何ですか」と**質問してきたときには、方言を使うことなく、わかるように説明しなければいけません。**友人の外国人だけでなく、知らない外国人の困りごとに居合わせた「全員」が、「その場面をしのぐ」ためにやさしい日本語を使えるようになって初めて、外国人が安心して住める地域社会ができるのではないでしょうか。

やさしい日本語は「書き換える」から「説明する」技術へ

これまでのやさしい日本語の研修会では、行政などが出している文書をやさしい日本語に書き換える練習などが主でした。このような場合は、事前に十分に時間をかけることもできますし、ツールを活用することもできます。しかし大量の情報が盛り込まれている文書をやさしい日本語に書き換えたところで、自国の制度や文化にないことに十分な理解を得ることは困難です。さらに接客場面でランダムに質問されれば、しどろもどろになってしまう担当も多いでしょう。

むしろ**外国人が期待しているのは、自分が疑問に思ったことを気軽に聞け、わかりやすく説明してもらうこと**なのではないでしょうか。つまりやさしい日本語は、書き換えに終わることなく、**説明する技術として実践される必要がある**ということです。

「ハサミの法則」は、難しい言葉だけでなく、どんな物事でもわかりやすく説明する技術です。この技術を身につけるには、**わかりきったことでも型にはめたように限界まで1文を短くして説明する練習**が有効です。以下のような質問と、それに対する答え方のようなことを繰り返すといいでしょう。

「内科」は何ですか？

・熱や吐き気があるときに行きます

・薬で治します

・手術はしません

「お通し」は何ですか？

・小さい料理です

・頼まなくても最初に出てきます

・お金は払います

「三者面談」は何ですか？

・先生と生徒と保護者が会います

・学校での様子や成績の話をします

・行きたい高校や大学の話もします

このように、やさしい日本語のワークショップでは、どんなことを聞かれてもハサミの法則のパターンとリズムで答える訓練から入るとよいと思います。

「やさ日3文クッキング」

私は1億2,000万人にハサミの法則を広げるという人生の目標達成のために、「**やさ日3文クッキング**」(以下「3文クッキング」)というコンテンツを活用したワークショップを仲間と広げています。

3文クッキングは、あるテーマに関係するキーワードをやさしい日本語3文での説明を聞いて当てるという30秒のショートビデオです。『入門・やさしい日本語』認定講師の仲間とチームを組んでコンテンツを作成し、インスタグラムとYouTubeで定期的に公開しています。

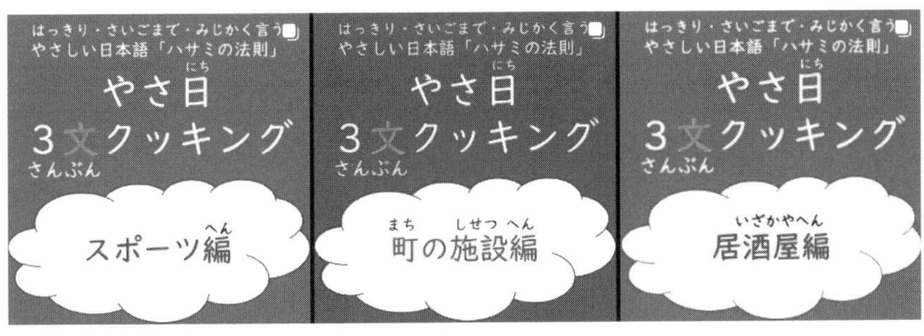

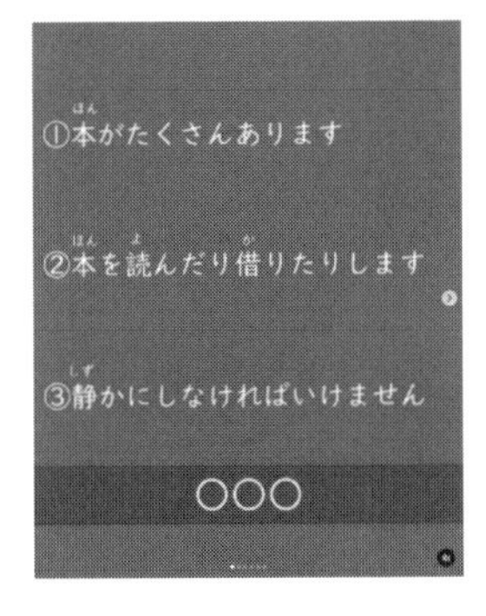

● Instagram
https://www.instagram.com/yasanichi/

● YouTube

このコンテンツは語学教育で一般的な「3ヒントゲーム」を参考にしています。3ヒントゲームでは語学学習者が文章を考えて周りの学習者に当ててもらうというものですが、3文クッキングでは日本語母語話者が3文で説明するという想定になっています。

3文クッキングは意地悪クイズではないので、1文目でわかっても構いません。また**「説明するチャンスが3回ある」**という考え方なので、1文目だけで伝えきれなくても問題ありません。1文目にどうしても難しい言葉を入れなければいけない場合、2文目・3文目でわかれば、1文目の難しい言葉も理解できるようになるでしょう。

3文クッキングでのトレーニングは、あくまで説明する側がハサミの法則のパターンを身につけることが目的ですので、参加している**誰もが知っているような単語を選ぶ方がよい**でしょう。このような楽しい**クイズゲーム形式のワークショップであれば、1億2,000万人にもハサミの法則を広げる**ことができると思います。

やさしい日本語は「2階建て」

最低限のやさしい日本語の心得といえる「ハサミの法則」を1億2,000万人に広げていく重要性に加えて、行政や地域社会、企業などではもっと専門的できめ細やかな多言語対応・やさしい日本語が求められています。私はこれら2つを**2階建ての家の1階部分と2階部分**であると考えています。

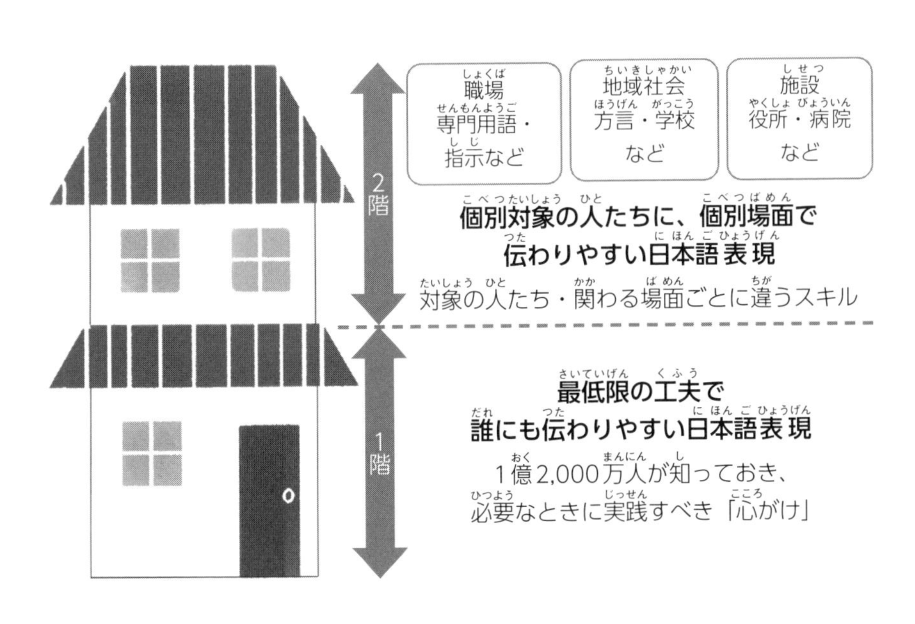

やさしい日本語は行政情報の言い換えニーズの高まりとともに大きく発展してきました。それはわかりやすい説明というよりは、元の意味をできるだけ損なわないようにするというところに腐心してきたようです。これはこれで重要なポイントですが、内容と切り離し、表現の技術を徹底的に磨き、現場に浸透させるようなことはなされてこなかったように思います。

「はっきり・さいごまで・みじかく言う」ハサミの法則でどれくらいわかりやすくなるのか、数値データがあるわけではありません。しかしどんなに単語単位での言い換えが進んだところで、「はっきり言わない、さいごまで言わない、だらだら言う」文に乗せて話されるようであれば、意味はありません。すべてのやさしい日本語はハサミの法則という基盤の上にあるべきだといえるでしょう。これが私の言う、１億2,000万人に開放しているやさしい日本語の「１階部分」です。特に**やさしい日本語普及のリーダーを目指す人は、１億2,000万人へのお手本として、息をするようにハサミの法則で「説明」できるようになることが必要**です。

しかしハサミの法則で仮に70点のやさしい日本語になったとしても、専門領域や命・人権に関わるようなことには不十分です。階段を上がった「２階部分」にいろんな小部屋を作り、**それぞれの部屋でその領域の専門家や職場の人と、伝わりやすい表現に詳しい日本語教師のような人が協働して当事者との関わり方や困りごとに取り組んでいくことが重要**です。

少数派間の意外な「共通点」に注目し、連携して多数派社会を取り囲む

外国人にしろ、ろう者にしろ、少数派と呼ばれる人たちは多数派との向き合いの中で解決に向けた運動を展開しています。しかし**少数派の間も、お互い近すぎるゆえに利害が対立してしまう**ことがあります。

例えば、日本語を獲得したあとにまったく聞こえなくなった「中途失聴者」と、生まれつきまったく耳の聞こえない「ろう者」は、聞こえないという点では共通ですが困りごとの種類が異なります。中途失聴者団体の主な願いは「各種情報の（日本語）文字保障」推進です。一方、ろう者団体では「手話でも不便なく暮らせる社会」と「ろう児が手話でも教育を受けられる権利」の実現が何より重要とされます。もちろん文字保障はろう者にも重要なことですが、それよりもろう者の固有言語である手話を「言語権」として社会に定着させることが、活動目標の上位に置かれているのです。

個別の少数派団体が行政などにロビー活動をするときも、類似の団体と論点がどのように違うか主張することになります。つまり**似た少数派が分かれて活動しているのは、「似ていない部分」を実現するため**だといえます。一方、行政は予算や人員確保の観点からもできるだけ大枠から対応したいと考えます。「関係者間でいろいろ調整した上で、話を持ってきてください」ということになりがちです。少数派の活動がうまく実を結ばないことがあるのには、こういう

背景が少なくありません。

私はやさしい日本語普及活動を始めてまもなく「手話は日本語とは違う言語であり、外国人同様ろう者も日本社会で言語的少数派として生きている人がいる」ということを知り、衝撃を受けました。そして**一見似ているろう者と中途失聴者の間の、もっとも大きな主張の違いである「言語権」の保障は、一見まったく関係ないろう者と外国人の間の、共通の価値観**だと気がついたのです。

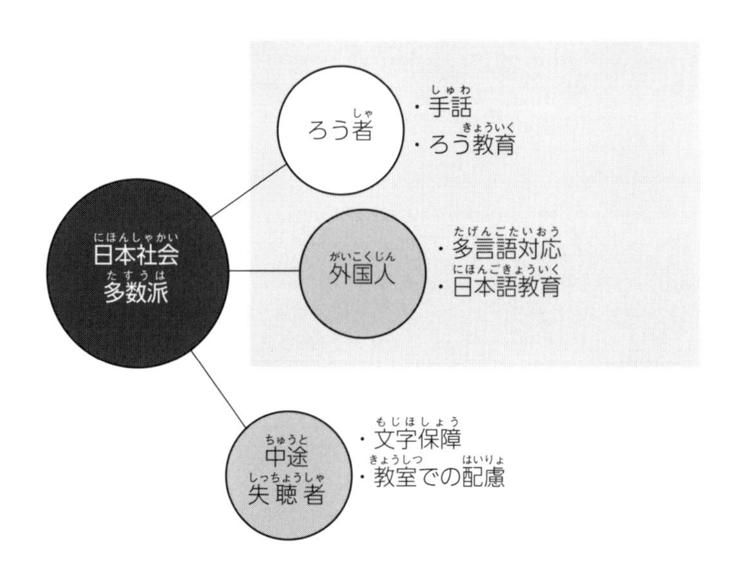

もちろんやさしい日本語の普及活動と、特定言語の保障を求める活動は立場が違います。**言語権という高い視点から見れば、やさしい日本語の普及活動は、様々な種類の言語話者が共生する社会での現実的な施策にすぎません。**手話という特定言語の保障を求めるろう者の運動と相容れないようにも見えます。

しかし手話を母語とするろう者で、日本語を使いこなせる人は多くありません。それは日本語を母語とする人が、英語を苦手とするのと構造がとても似ています。行政などの文書をやさしくしたり、相手の日本語の間違いに寛容な態度をとったりすることは、外国人同様ろう者が生きやすくなる上でとても重要なことなのです。

とはいえ、ろう者にとっての日本語の難しさという問題は「ろう者も日本人なんだから、日本語が苦手なのはただの努力不足なのでは」といった誤解を招く恐れもあり、ろう運動であまり表立った主張はされてきませんでした。しかし外国人にとっての日本語の難しさは、多文化共生社会づくりの中心的な課題です。その流れに合流し、「ろう者も外国人も、母語でない日本語で苦労していることは一緒。まずは社会にはびこる難しい日本語をなんとかすべきだ」と世に広めれば、多くの人がろう者にとっての日本語の問題を理解できるでしょう。このように**ろう者と外国人という一見関係ない少数派間が、当事者も気がついていなかったやさしい日本語という「共通点」に注目して連携できる可能性がある**のです。

このように考えていくと、**様々な少数派間の意外な「共通点」を見出して手を繋ぎ、多数派社会を取り囲んで、理解を求め交渉していくという図式**が成立するのではないかと思います。

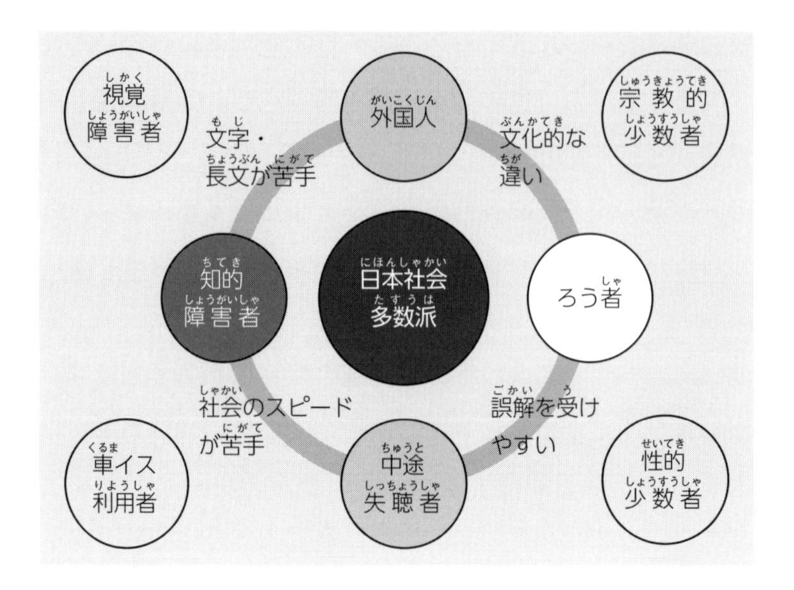

少数派は社会制度上の問題だけでなく、多数派からの偏見や差別にさらされることでも生きづらさを感じています。しかし偏見や差別は単なる無関心や無理解が原因であることも多く、ちょっとした気づきを与えることで解消・軽減に向かうことがあります。さらにその気づきがほかの少数派にも当てはまることがあると気がつくことで、ドミノのようにさらにほかの少数派理解のきっかけになることもあるでしょう。例えば以下のような仮説が考えられます。

- ろう者と外国人はどちらも言語的少数派として文化的に違う人たちと理解できるようになれば、イスラム教などの宗教的少数派の理解にもつながるかもしれない。
- 外国人や知的障害・識字障害がある人には長文の文字を読むのが苦手な人がいると知れば、視覚障害者向けの音声読み上げがそれらの人たちにも役立つと気がつくかもしれない。

- 知的障害のある人も中途失聴者も音声言語主体で回っていく情報社会のスピードに困っていることを知れば、健常者と同じスピードでは行動できない車イス利用者や視覚障害者の不便にも思いを馳せるようになるかもしれない。
- ろう者と中途失聴者など聴覚障害者が呼ばれても気がつかなかったり大勢の会話に入り込めなかったりすることに理解のない健常者が不愉快な態度をとりがちということに注目できれば、理解不足から来る性的少数者への態度などにも考えが及ぶかもしれない。

様々な少数派が国や自治体に対して改善や制度化を求めていくのは、それぞれの立場から違ったものであって当然のことです。少数派間の利害の衝突も避けられません。しかし**少数派が「多数派の中の個人」に対して求めるのは「どんな多様性も尊重してほしい、あなたと違っていても排除しないでほしい」ということに集約できる**のではないでしょうか。

少数派がやさしい日本語という大きなテーマで手を繋ぎ、多数派社会をやさしくかつ力強く取り囲んでいくことで、**社会の価値観をやさしく変容させていくことができる**と信じています。今後、吃音などの言語障害や視覚障害などにも注目し、少数派とその支援者によるやさしい日本語の大きな輪を作っていきたいと思っています。

やさしい日本語で、多文化共生と福祉の垣根を取り払おう

「日本語教師をしています」と自己紹介すると、「ああ、英語がペラペラなんですね」と反応する人はたくさんいます。外国人と接することができるのは英語ができる人だけだと思っている人は、決して少なくありません。

第三者返答で紹介した通り、車イスの人が健常者の友人とカフェに行っても、店員が障害のある人でなく友人にしか話しかけないことがあります。障害のある人と接することができるのは同行してサポートしている人だけだと思っている人も大勢います。このような態度に、当事者は「自分は一人では何もできない人」とされていると感じているでしょう。

無関心や過剰な気配りは、実際に当事者と直接会話をすることで変えていくしかありません。**多様性に理解のある社会への第一歩は、お互いの対話**にほかなりません。しかし「外国人＝英語」というイメージや「第三者返答」のように、小さな誤解が原因で、対話を始めること自体が阻まれていることがあります。

これをどう打破し、どのように多様性に対する態度を育てていくか。私は、**地域活性化などを中心とした多文化共生政策の流れに、福祉という枠組みの活動を合流していくことが効果的**だと考えています。そしてその**入口部分がやさしい日本語**です。

多文化共生には労働力受け入れなど経済的な観点があるのは事実ですが、市民レベルでは言葉の壁さえなければ外国人と単純に仲良くなってみたい思う人は多いでしょう。外国人住民と仲良くなるのに英語を話せなくてもいい、日本語をやさしく話せばいいということを知れば、多くの人は驚きを持って「自分も外国人と仲良くできるかもしれない」と感じます。

しかし外国人住民と友好関係を作る上で、言葉をやさしくするだけでは不十分です。きちんと設計されたやさしい日本語のセミナーを受ければ、参加者は外国人が感じる言語・非言語両面での壁を理解し、接する態度を変えていく必要性に気がつくでしょう。

そのようなセミナーで、外国人以外の言語面での少数派の事情を少しでも紹介することで、参加者は不意をつかれたようにそれまでの自らの態度を振り返るでしょう。そして外国人をきっかけとしてほかの少数派のことにも関心を寄せ、仲良くなろうと思うようになれば大成功です。

多様性への理解を広げていく上で、入口としてのやさしい日本語の役割は極めて大きいものです。**やさしい日本語ラップ「やさしいせかい」で描いた「違いを認め合うまっすぐなハート」＝「やさしい気持ち」が溢れる世界を、ともに作っていきましょう。**

あとがき

2020年初頭から新型コロナウィルスCOVID-19が日本でも流行し、私の講演予定もすべてキャンセルという事態になりましたが、絶望の中でアスクさんから私のかねてからの出版構想を実現してもらえるというお話をいただき、一筋の光が差しました。そこから自宅に缶詰で一気にこの原稿を書き上げました。また、「やさしい せかい」や「第三者返答」といった新たな作品を世に出したタイミングで、増補版として最新の活動を加えさせていただきました。アスク天谷修身社長と編集・営業のみなさん、専門的見地からのアドバイスをいただいた合同会社オーイン代表社員近藤正憲さんに心から感謝申し上げます。

本書の上梓には、本文中にご紹介した方々以外にも、多くの支えがありました。以下順不同、さん付けでご紹介します。

- やさしい日本語ツーリズム企画に命を吹き込んでくださった松藤満也さん、犬塚将徳さん、山田秀太さんほか柳川市観光課のみなさん
- 柳川で多大なご協力をいただいた高橋努武さん、山田美代子さん、鈴木重幸さん、武久泰子さん、緒方文香さん
- 産学連携でのやさしい日本語ツーリズム研究会を実現していただいた荒川洋平さん、加藤好崇さん

- 自主提案の頃から私を支えてくれた横尾嘉信さん、畑野憲一さん、長谷川智子さん、圓城康輔さん
- 辛抱強く私の活動を見守り応援してくれた、森内勇策さん、内海直大さん、野呂裕樹さんほか元電通新聞局同僚の方々
- 様々なキーマンとつないでいただいた石原進さん
- ろう者と外国人の接点に気づかせてくれた斉藤道雄さん、岡典栄さん、佐々木倫子さんほか明晴学園関係者のみなさん
- 「３文クッキング」の企画を当初から支え動画制作をしていただいている「やさ日ブートキャンプ」の副隊長こと野島恵美子さん、および隊員の井上恵さん、今瀬裕可里さん、倉辻厚子さん、清水広美さん、田中タクさん、谷川依津江さん、土井美枝子さん、土肥敦子さん、徳永由佳さん、中村敏子さん、山市花恵さん、山内円夏さん、山下理恵さん、吉田美穂子さん、吉松眞弓さん、和田牧子さん
- 本書の元に集まり、活動をともにしている『入門・やさしい日本語』認定講師のみなさん

最後に、私の母と故郷柳川に心から感謝の意を表します。

『入門・やさしい日本語』読者クラブ

本書を購入された方々を対象にした、Facebookグループ「『入門・やさしい日本語』読者クラブ」を立ち上げました。

各地で志を同じくする日本語教師などやさしい日本語普及に取り組んでいる方々（特に地方在住の方）、役所・施設・企業などでやさしい日本語を導入したいと考えている方、メディア・広告関係でやさしい日本語に注目している方など、お気軽にご参加ください。

参加申請はこのQRコードからどうぞ。

「入門・やさしい日本語」読者クラブ
https://fb.com/groups/yasanichi.book.club/

ご注意
・主催者は著者個人であり、出版元のアスクは関係ありません。
・申請時に参加資格や規約を確認してください。

『入門・やさしい日本語』認定講師養成講座

本書の内容や私の社会啓発活動に共感し、ともにやさしい日本語を広めるために行動したいという方々に対して、日本語教育の情報メディア「にほんごぷらっと」主催による『入門・やさしい日本語』認定講師養成講座が、2020年から年に数回実施されています。2023年現在、全国300人近い修了生が交流しながら活動しています。講座の詳細は、やさしい日本語ツーリズム研究会のFacebookページに掲載しますので、フォローをお願いします。

やさしい日本語ツーリズム研究会 Facebookページ

https://www.facebook.com/yasashii.nihongo.tourism/

入門・やさしい日本語　認定講師一覧

https://yasashii-nihongo-tourism.jp/lecturers

認定講師の方が活躍している団体・グループの一部をご紹介します。

北海道	一般社団法人にほんごさぽーと北海道 https://www.nihongosupport-hk.or.jp/
宮城県	八重ランゲージスクール https://coiki.co/
茨城県	日立さくら日本語学校 https://www.hitachi-sakura.com/
埼玉県	株式会社日学舎 https://www.nichigakusha.co.jp
東京都	九段日本文化研究所日本語学院 https://www.kudan-japanese-school.com/jp/
	株式会社ダンク https://www.dank-yasanichi.jp/
	kokohana やさしい日本語でつながる八王子の会 https://kokohana802.com/
	一般社団法人多文化たすけあい https://www.tabunkatasukeai.org/
	NPO 法人おもてなし国際協議会 https://omotenashi.tokyo.jp/
	日本語個別指導の MARBLE https://www.marblepro.info/
	うさぎ団@日本語教師 https://usagi-dan.net/
神奈川県	株式会社ことのはラーニング https://www.kotonohalearning.net/
	湘南やさしい日本語プロジェクト https://diversity-edu.com/
愛知県	あんじょうまざりん https://anjo-mazarin.jimdosite.com/
	あきえ　日本語教室 https://www.facebook.com/akienihongo
	一般社団法人ガイア国際交流教育研究所 https://gaia-gie.jp/

三重県	NPO法人　愛伝舎 https://aidensha.org/
関西	一般社団法人チームやさしい日本語 https://www.teamyasashiinihongo.com/
	入門・やさしい日本語認定講師　関西ろくぶんのろく https://www.facebook.com/kansai6bunno6
	やさしい日本語ラボひょうご https://www.facebook.com/yasanichi.hyogo
	実光塾 http://www.zikkouzyuku.com/
	ジータアドバンス https://g-ita.com/
岡山県	学校法人アジアの風　岡山外語学院 https://okg-jp.com/
香川県	はずむ日本語 https://hazumu-nihongo.hp.peraichi.com/
愛媛県	一般社団法人グローバル教育人材交流協会 https://gleea.jp/
	HAKUNA MATATA https://peraichi.com/landing_pages/view/hakunamatata1/
福岡県	ふくおかやさしい日本語でつなぐ会 https://www.fukuokayasasiinihongo.com/
	一般社団法人北九州にほんご企画 https://e-yahata.com/
大分県	にほんごCompass Japanese Language School https://nihongocompass.com/
	なか日本語教室 https://yumeoi2020.com/nihongokyoushitsu-toiawase-yasashiinihongo/
沖縄県	やさしい日本語で結ぶおきなわ　〜結の会〜 https://www.facebook.com/yasanichiokinawayuinokai
フィリピン	ICHIGOICHIE CONSULTING https://www.ichigoichie-jp.com/

著者プロフィール

吉開 章

2010年日本語教育能力検定試験合格。政府交付金を得て2016年「やさしい日本語ツーリズム」企画を故郷の柳川市で実現。同時に「やさしい日本語ツーリズム研究会」を立ち上げ、代表としてやさしい日本語の社会普及に尽力中。2023年4月1日一般社団法人やさしい日本語普及連絡会を設立、代表理事に就任。メディア掲載、講演多数。

一般社団法人やさしい日本語普及連絡会
代表理事
https://www.yasanichi.com

やさしい日本語ツーリズム研究会　代表
https://yasashii-nihongo-tourism.jp

やさしい日本語プロデューサー
柳川観光大使
akira.yoshikai@yasanichi.com

やさしい日本語についてさらに学びたい方へ

やさしい日本語に関するお勧めの書籍を挙げます。ぜひ読んでみてください。

● 全般・概論

『やさしい日本語 —— 多文化共生社会へ』 庵功雄／岩波書店

『〈やさしい日本語〉と多文化共生』 庵功雄・岩田一成・佐藤琢三・栁田直美（編）／ココ出版

『「やさしい日本語」表現事典』 庵功雄（編著）／丸善出版

● 行政

『読み手に伝わる公用文：〈やさしい日本語〉の視点から』 岩田一成／大修館書店

『やさしい日本語で伝わる！ 公務員のための外国人対応』 岩田一成・栁田直美／学陽書房

● インバウンド

『「やさしい日本語」で観光客を迎えよう —— インバウンドの新しい風』 加藤好崇／大修館書店

● 医療・福祉

『医療現場の外国人対応 英語だけじゃない「やさしい日本語」』 武田裕子・岩田一成・新居みどり／南山堂

『SDGs の推進・合理的配慮提供のための「やさしい日本語」—— 教育・福祉・就労の場で活用できる実践的コミュニケーション』 堀清和（監修）／晃洋書房

『ことばのバリアフリー —— 情報保障とコミュニケーションの障害学』 あべやすし／生活書院

『スローコミュニケーション わかりやすい文章 わかちあう文化』 野澤和弘／スローコミュニケーション

入門・やさしい日本語　外国人と日本語で話そう
[増補版]

2020年　7月25日　初版　　第1刷発行
2023年11月25日　増補版　第1刷発行

著　者　　吉開 章
カバーデザイン　　畑野 憲一
本文デザイン・DTP　　有限会社 ブルーインク
イラスト　　碇 優子

発行人　　天谷 修身
発　行　　株式会社アスク
〒162-8558　東京都新宿区下宮比町2-6
TEL03-3267-6864　https://www.ask-books.com/
印　刷　　株式会社 光邦

Printed in Japan　ISBN 978-4-86639-674-3

アンケートにご協力ください

 https://www.ask-books.com/support/